Vorwort

Also so richtig aufgefallen ist es
mir bei meinem letzten Buch
„Drogen, Sex und Rock'n'Roll".
Ich hatte es einer Freundin vorge-
legt, damit sie es einmal durch-
liest, um mir ein Feedback zu
geben.
„Also, du kannst doch nicht ein
Enkelkind in der Handlung eines
Pornos vorkommen lassen", war
ihre erste Reaktion.
„Wie bitte? Porno? Das ist doch
kein Porno, wenn überhaupt,
dann höchstens ein Softporno, wie
mein Freund Jupp aus Essen zu
sagen pflegt. Und überhaupt, das
Buch handelt vom Leben. Es ist
sozusagen alles menschlich, was
da drinsteht!"
Wir kamen bei der Diskussion nicht weiter, schon aus dem
Grunde nicht, weil nicht eindeutig
zu klären war, wo ein Porno endet
oder ein Softporno beginnt oder
überhaupt, was menschlich ist.

Das ging so weit, dass sie mir
dringendst empfahl das eine oder
andere Kapitel entweder umzuschreiben oder aber ganz wegzu-
lassen.
Zensur schwebte von diesem Tage
an über meinen Kopf.
Sie will mich doch tatsächlich zen-
sieren oder aber manipulieren.

Das konnte ich auf keinen Fall
geschehen lassen.

Ein Schriftsteller und (Hobby-)Autor von unglaublicher Begabung
kann sich doch nicht so einfach
manipulieren lassen.

Und ein Mann (zugegeben nicht
mehr ganz) in den besten Jahren
konnte sich doch nicht so von einer solch empfindsamen Frau, die
jedoch kaum Ahnung von Schriftstellerei hatte, (weil sie selbst
noch nie ein Buch geschrieben
hatte) beeinflussen lassen.

Mag ja sein, dass sie schon 1000
Bücher gelesen hatte. Aber das
heißt ja lange noch nicht, dass sie
Ahnung hat.

Ich habe auch mindestens 1000
Musik-CDs gehört. Und habe
auch keine Ahnung von Musik.

Und überhaupt, ein Mann muss
tun, was ein Mann tun muss, also
keinerlei Notwendigkeit, das Buch
umzuschreiben.

Ein anderes Mal, als mir auffiel,
dass ich mich doch manchmal beeinflussen lasse, war die ständige
Kritik, dass ich keinerlei Ahnung
von Rechtsschreibung oder Interpunktion habe.

Also habe ich mich bei diesem
Buch dahin beeinflussen lassen,
dass ich es zunächst einmal mit
dem Programm „word" begann

zu schreiben, wegen der Recht-
schreibprüfung.

Dadurch stimmte das ganze
Layout nicht. Ich konnte nicht
erkennen, wie das fertige Produkt
aussehen könnte.
Also habe ich mir gedacht:
„Scheiß doch drauf, auf diese
ständigen Kritiker! Ich schreibe
jetzt so wie ich es immer getan
habe. Direkt ins Layout meines
Schreibprogramms hinein. Einfach so drauflos.
Diese Rechtschreibfanatiker und
Moralapostel die können mich
mal. Und auch diese komischen-
Gendermenschen können mich
mal, selbst wenn das politisch
nicht korrekt ist.
Ich habe ohnehin noch nie in meinem Leben eine Politik erlebt, die
korrekt ist!"

Und wenn irgendeiner kommt und
meint der könnte mich oder andere meines Stammes kritisieren,
dann sage ich dem:
„Blöd daher schwätzen kann jeder!
Aber selbst mal etwas ins Leben
zu rufen, selbst mal ein Buch zu
schreiben oder ein Bild zu malen,
das trauen sich nicht viele.

Denn sie haben Angst davor, sich
diesen unnützen Kritikern auszu-
liefern oder preiszugeben!

Impressum

Bibliographische Information
der Deutschen Nationalbibliothek:

Die deutsche Nationalbibliothek
verzeichnet diese Publikation in
der Deutschen Nationalbiblio-
grafie, detaillierte bibliografische
Daten sind im Internet
über dnb.dnb.de abrufbar.

© 2023 Jürgen Bahro
1. Auflage
26.11.2023

Herstellung und Verlag:
BoD - Books on Demand,
Norderstedt

ISBN: 9 783758 319587

Buchseiten und andere Räume füllen

Es heißt, dass ein ausgefülltes Leben Gold wert ist. Ich meine, dass es an jedem selbst liegt sein Leben auszufüllen.

Und so fülle ich zuweilen Seiten, z.B. Seiten eines Buches. Das füllt nicht nur das Buch, sondern auch mein Leben. Und im Grunde tue ich es für mich alleine. Doch es gefällt mir sehr, wenn andere daran Gefallen finden. Und wenn nicht, dann ist es auch OK!

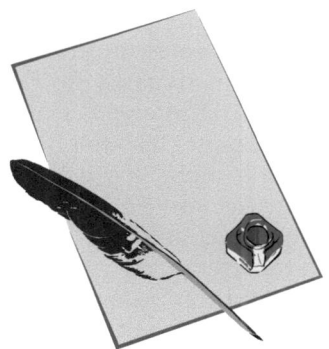

Und wenn mir die Worte fehlen, um Seiten eines Buches zu füllen, dann fülle ich andere Dinge, wie z.B. den Kastenaufbau einer Ape.

Und wenn ich das dann hingekriegt habe, dann gibt es wieder sehr viele Wörter um ein Buch zu füllen. Darüber hinaus gibt es viel Neues, was bisher noch keinen Platz in meinem Leben hatte.

Und so fülle ich mein Leben, bis zu dem Tage, an dem ich eine Urne fülle, in der Gewissheit der Langeweile keinen Platz in meinem Leben gelassen zu haben.
Und das solltet ihr auch probieren - das ist cool!

Einen Traum haben

Wenn ich sage „Einen Traum haben", dann denke ich nicht an die Träume, die wir Menschen haben, wenn wir schlafen. Nein, ich denke an die Träume, die wir uns bei vollem Bewusstsein selbst erfinden. Dass man bei Träumen hellwach sein sollte, wissen möglicherweise nicht alle Menschen. Ich glaube auch eher, dass es die Frauen sind, die das noch nicht so beherzigen. Denn immer, wenn eine Frau zu mir sagt: "Ich möchte mit dir schlafen", sage ich: "Ich nicht, ich wäre lieber hellwach mit dir, bei dieser Art von Schlaf! - Sonst könnte mir ja noch etwas entgehen."
Ich möchte euch in diesem Buch von meinen Träumen erzählen. Also nicht von den Träumen im Zusammenhang mit Frauen. Nein, sonst könnte man/ sie mir wieder unterstellen einen Porno schreiben zu wollen.

Nein, ich möchte euch von meinen Träumen erzählen: von Freiheit, Abenteuer, von netten Menschen, vom Verliebtsein in kleine oder größere Details, von Freude, Lachen und Spaß haben.
Ich möchte berichten von Leichtigkeit, von wehenden Haaren im Wind, von Freundlichkeit unter den Menschen, von Vertrauen und von einem unbekümmerten Leben.
Von Benzingeruch und ölverschmierten Händen, von grünen Wiesen und blauen Seen. Von bunten Himmeln und Sonnenschein - von Dinge tun, die man einfach mal tun möchte.
Songs von Janis Joplin hören...
„Freedom is just another word for nothin' left to lose." (Freiheit ist nur ein anderes Wort für nichts, was man noch zu verlieren hätte.)
                    ... und in der Natur unterwegs sein.

Mein Traum, um den es hierbei ging war der, einmal Deutschland grenznahe zu umrunden. Nach jedem Sommer sprachen meine Freunde oder Bekannte von ihrem tollen Urlaub, den sie in Ägypten, Amerika oder sonst wo verbracht hatten.

Ich für meinem Teile hatte nie den Wunsch so weite Reisen zu machen, um fremde Länder zu erforschen oder zu sehen. Für mich ist es überall gleich. Es gibt tolle Menschen, da drüben jenseits des Atlantiks und es gibt blöde Menschen jenseits des Atlantiks. Es gibt arme Menschen in Südafrika und es gibt reiche Menschen in Südafrika. Die Welt ist ungerecht am Nord- oder auch am Südpol. Wieso also so große Strapazen auf sich nehmen, um das immer wieder festzustellen. Ja, ich weiß schon ... und die Landschaft und die unglaubliche Weite und die Tiere und das tolle Essen und .... das viele Geld, was eine Reise so kostet.

Ja, sollen sie doch reisen wohin sie wollen. Aber wer von ihnen kennt sich schon im eigenen Land aus? Wer kennt die tollen Landschaften in Deutschland, wer die tollen Menschen hier zulande. Und wer die blöden?

Also war es mein Traum, Deutschland näher kennen zu lernen.

Doch es sollte nicht nur die Reise um mein Land sein. Nein, es musste schon so sein, dass es genügend Gelegenheit gab, mit den Menschen in Kontakt zu treten. Sich zu unterhalten und heraus zufinden warum sie so dachten, wie sie dachten. Oder überhaupt herauszufinden was sie dachten.

Also war meine ursprüngliche Idee die Reise mit einem Mofa zu machen. Nein, natürlich kein normales Mofa. Es musste schon etwas Besonderes sein, damit der Kontakt zu den Menschen einfacher sein würde.

Es sollte ja auch schon damals das Gefühl, von Freiheit und wehendem Haar im Winde vermitteln. Die Wahl fiel auf das Modell Ghostrider, wie ich es im Internet bei einem Mofa-Händler in Sulz am Neckar fand.

Leider stellte sich heraus, dass das Gerät für Menschen über 1,70 Meter Körpergröße ungeeignet war. Außerdem kamen Bedenken auf, ob der Komfort dieser Maschine meinen bescheidenen, aber doch in mancher Hinsicht wohl definierten Ansprüchen gerecht wurde. Der Gedanke damit längere Zeit im Regen rumzufahren, ließ es ebenfalls durch die Auswahl fallen.

Also eine Deutschland Umrundung mit dem Mofa würde es wohl nicht geben.

Besser wäre natürlich, wenn man so eine Art Wohnmobil hätte, in dem das Bett schon von Haus aus drin wäre. Aber ein Wohnmobil schien mir auch nicht das richtige für diesen Zweck zu sein. Es sah einfach zu gewöhnlich aus und war

natürlich außergewöhnlich teuer.
Zu teuer um es sich leisten zu können!
Also musste der Traum noch einmal von vorne, mit anderen Fortbewegungsmöglichkeiten geträumt werden.

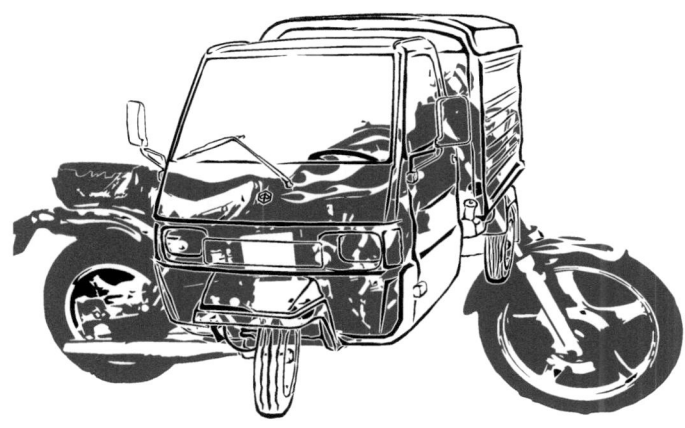

So träumte ich abermals meinen Traum und zwar so lange bis aus zwei Rädern drei wurden.
Und dann noch einmal solange, bis das Gerät auch ein Dach über dem (meinem) Kopf hatte.
So fiel also die Entscheidung auf eine Ape.
Und so wurde ich aus meinem Traum gerissen, weil ich nicht damit gerechnet hatte, was so eine Ape kosten könnte. Vielmehr schob der Gedanke, dass sich nicht alle so eine teure Ape leisten konnten, dunkle Wolken vor meine bunten Träume.
Die dunkle Wolke der Erkenntnis, dass alles, aber auch wirklich alles was du träumst, richtig viel Geld kosten wird, wenn du deinen Traum verwirklichen möchtest. Diese Wolke verdunkelte all meine Träume. Und schob so einen negativen Gedanken zwischen mir und meinem Traum. Ich war jetzt hellwach und der Traum schien ausgeträumt.

Von netten Menschen und so

Na so eine Scheiße!

Nun hing ich hier, nur etwa zwei Meter vom Scheitelpunkt entfernt.

Die Steigung meiner Hofausfahrt war wirklich nicht so dramatisch, dass ein Fahrzeug, welches 1,25 Tonnen Gesamtgewicht haben durfte, bei weniger als der Hälfte dieses zulässigen Gewichts es nicht vermochte, diesen klitzekleinen Hügel hinauf zu kommen.

Es gelang mir nicht, nicht im zweiten und auch nicht im ersten Gang die zwei Meter zu überwinden, damit ich über den höchsten Punkt (höchsten Punkt – so was Lächerliches!) der Ausfahrt hinüberkam. So ein Scheiß!

Die Karre hatte erst kürzlich einen neuen TÜV* bekommen, so stand es zumindest in der Kaufanzeige und auch im Fahrzeugbrief. Irgendwas stimmte da doch nicht. Aber so etwas passierte natürlich auch immer nur mir: ich war einfach zu gutgläubig und der Meinung, dass man beim Autokauf genauso wie vor Gericht oder auf dem Meer in Gotteshand lag. Man konnte Pech haben, Glück oder auch Unglück. Die Chancen standen eigentlich fifty-fifty. Nein so standen sie nicht: nicht beim Kauf eines Autos - bei einem Autokauf wirst du immer beschissen.

Aber so war ich eben – immer an das Gute im Menschen glaubend. Und wenn dir dann noch einer am Telefon erzählt, dass er das Fahrzeug für seine Mutter gekauft hätte und deshalb alles, aber auch wirklich alles unternommen hätte, ein „technisch-in-Ordnung-Fahrzeug" zu bekommen. Denn er wollte seine Mutter nicht in Gefahr bringen. Und als Pilot wisse er ja sowieso, wie wichtig ein „technisch-in-Ordnung-Gerät" ist! Und wenn seine Mutter sich

---

* Im Buch wird von TÜV gesprochen. Möglicherweise war das aber eine andere amtlich anerkannte Überwachungsorganisation, die hier den TÜV abgenommen hat ??

schon ausgerechnet in so ein Fahrzeug setzen wollte, das keinerlei Knautschzone hatte, dann musste
schon alles rund herum in Ordnung sein.
Verdammter Pilot, wahrscheinlich fliegst du zu
nahe am Himmelreich und hörst die Engel sin-
gen. Denn gerade so wie süßer Engelsgesang hörte
ich seine Worte noch in meinen Ohren klingen.
Nichts, aber auch nichts von dem, was er mir vor-
sang stimmte. Außer vielleicht, dass das Fahrzeug
wirklich für seine Mutter bestimmt gewesen wäre –
möglicherweise?
Auf keinen Fall kam ich heute mit dieser Kiste aus
meinem Hof raus. Und da ich tatsächlich auch
so ein klein wenig Ahnung von Fahrzeugen hatte,
drängte es sich mir auf, dass die Kupplung am
Ende war – denn es kam zu keiner größeren Kraftübertragung mehr.
Grund genug für mich, mir das Fahrzeug einmal
etwas näher anzusehen:
Beim Aussteigen stieß ich mit dem Zeh gegen etwas
Hartes, sodass das Blut gleich spritzte. Nachdem
ich die Wunde verarztet hatte suchte ich zunächst
das Ersatzrad, denn die Eisenstange, an der ich
mich verletzt hatte, war Teil des Wagenhebers der
lose im Fußraum lag. Und wo ein Wagenheber, da
auch bekanntlich ein Ersatzrad. Bei diesem Fahrzeug aber nicht. Wo ich auch suchte – Ersatzrad
– Fehlanzeige. Und so ein Ersatzrad könnte man ja
schon mal finden, so es denn vorhanden war!
… Wagenheber der lose im Fußraum lag …
Oh, dann täuschte mich mein Gefühl vorher doch
nicht? Irgendetwas schien den Kupplungshebel
zu blockieren. Ich entfernte das Eisenteil aus dem
Fußraum und versuchte noch einmal aus meinem
Hof zu kommen, denn schließlich ließ sich jetzt der

Kupplungshebel viel weiter durchdrücken, als vorher. – Mit einem Satz hüpfte die Karre auf die Fahrbahn der Straße vor meinem Haus. Ich hatte Glück, dass kein Verkehr unterwegs war. – Vollbremsung – Quietsch – Plop – Karre aus.

Das warf die nächste Frage auf: Hatte das Fahrzeug so gute Bremsen oder stand es nur so schnell, weil es abgesoffen war. „Ich habe gar keine Bremslichter gesehen!", rief mir mein Freund zu. „Oder ist das jetzt nur zu schnell für mich gegangen?"

Ich brachte die Karre wieder zum Anspringen und fuhr in den Hof zurück. Die Kupplung schien nun etwas besser zu greifen, aber nicht wirklich zu meiner Zufriedenheit. „Brems doch nochmal!", forderte er mich auf. Also nahm ich ein wenig Fahrt auf und bremste. Und bremste. Und bremste. „Ich seh' kein Bremslicht!" Wie sollte er auch ein Bremslicht sehen, wenn die Karre nicht bremste – sagen wir mal nicht sehr gut bremste. Irgendwann blieb ich dann doch stehen, gerade noch rechtzeitig bevor ich die Hecke durchbrach.

Kupplung und Bremsen am A... „Wissen Sie und den TÜV haben wir auch erst vor Kurzem machen lassen", hörte ich den Engelschor zwitschern „vor Kurzem neu machen lassen ... ist noch nicht so lange her ... und gefahren sind wir seitdem eigentlich auch nicht mehr – Hosanna!" – „Keine Bremslichter?" – „Nein, keine Bremslichter. Mach doch mal das Licht an, vielleicht ist ja nur ne Birne kaputt?" „Brennen die Lichter?" „Ja, alle auf der rechten Seite – auf der linken Seite brennt nix!" „Und wenn ich bremse?" – Dann brennen alle Lichter auf der rechten Seite – auf der linken Seite brennt nix. Ach ja, die Bremslichter brennen auf beiden Seiten ... nicht."

Dann konnte es doch nur noch an den Sicherungen liegen. Dass so viele Birnen zur selben Zeit kaputt waren, erschien mir eher unwahrscheinlich. Unterhalb des Lenkrads fand ich den Sicherungskasten. Von den sechs möglichen Sicherungsplätzen waren drei leer – in den anderen drei klemmten die Sicherungen drin. Die fehlenden Sicherungen fand ich im Ablageflach hinter dem Lenkrad. Also war es doch kein Wunder, dass die Hälfte der Lichter nicht brannte. Beim Versuch die drei fehlenden Sicherungen einzusetzen fielen die anderen drei heraus. Sie waren zwischen den Teppichfetzen im Fußraum und den Schaltpedalen ziemlich schwer zu finden. Doch ich fand sie nach einigen Versuchen. Und weil ich gerade am Versuchen war, versuchte ich sie wieder in die Klemmvorrichtung am Sicherungskasten einzusetzen. Es gelang mir nicht, mehr als die ersten drei zu befestigen. Beim Versuch die vierte einzudrücken fielen alle wieder auf den Boden. „Ja jetzt leck' mich doch!" Beim näheren Hinsehen fiel mir auf, dass das Gehäuse des Sicherungskastens quer komplett durchgebrochen war - die Sicherungen konnten eigentlich gar nicht darin halten.

Die Reparatur blieb also erfolglos – oder besser gesagt sie wurde zum Misserfolg. Von nun an brannte das vordere rechte Licht auch nicht mehr. – Vielleicht doch die Birne kaputt?

Bei dem Versuch die Birne auszutauschen verflüchtigte sich die Aufnahme für die Birne. Eine Spannfeder zerbrach, sprang in mehrere Richtungen und ward nie mehr gesehen. Die Kunststoffhalterung brach ebenso in zwei Teile, sodass die Birne nicht mehr einzusetzen war. „Wissen Sie und den TÜV haben wir auch erst vor Kurzem machen lassen", hörte ich den Engelschor wiederum zwitschern „vor Kurzem neu machen lassen ... ist noch nicht so lange her ... und gefahren sind wir seitdem eigentlich auch nicht mehr – es ist alles in Ordnung.

Hosanna!" „Möge doch der Teufel durch diesen Engelschor sausen und den Engeln mit seinem Höllenfeuer die Flügel ansenken! Und dem Piloten, dem könnte er seinen Dreizack ins Fiedle jagen!" So eine Scheiße aber auch!

Für heute hatte ich genug von meinem neu erworbenen Fahrzeug. Ich ließ den Motor noch einmal anspringen und aufheulen – gerade so zum Trotzt! „Der ist aber ganz schön laut!", meinte mein Freund. „Das ist ein Zweitakter, der ist so laut!" „Nein", ließ er nicht locker: "Der klingt wie der amerikanische Mustang von meinem Schwager mit seinen 420 PS. – Wie viele hat deiner?" „11, meiner hat 11 PS!" „Und tut so wie einer mit 420 PS? ... Ich glaube eher, dass der Auspuff kaputt ist!" „Der Auspuff? – Mensch das Ding war beim TÜV ... ist noch nicht so lange her ... und gefahren sind wir seitdem eigentlich auch nicht mehr! Und jetzt soll der Auspuff auch noch kaputt sein? Mensch, sowas muss der TÜV doch sehen – oder nicht?" „Mir scheint, dass der TÜV auch Mitglied in diesem Engelschor ist und möglicherweise ein guter Freund von deinem Piloten. – Halleluja!" „Meinst du? Das würde aber mein Vertrauen in das Gute im Menschen sehr zerstören!" „Ich meine, aber wissen weiß ich nix – außer, dass du mit diesem Ding da nicht am öffentlichen Straßenverkehr teilnehmen kannst!" Und damit hatte er wohl recht! Und dann meinte er noch: "Wie kann man denn ein Auto kaufen, ohne es gesehen zu haben oder ohne eine Probefahrt damit gemacht zu haben? – Wie kann man bloß?" „Ach, hör einfach nur mal auf zu quatschen! – Was weißt du denn schon?"

Im Grunde hatte er ja recht.

Wie konnte man nur ein Fahrzeug kaufen, dass man nicht gesehen hatte, geschweige denn, mit dem man keine Probefahrt gemacht hatte.

Ja, verdammt noch mal, das hätte ich auch vorher wissen können.

Doch der Traum vernebelte wohl meine Sinne.

Und meine Hoffnung auf das Gute im Menschen war mir persönlich wichtiger, als aller Argwohn und aller Vorbehalt. Es ging mir um mein gutes Gefühl. Das gute Gefühl, diesen Traumfänger anzuschauen, der in meinem Schlafzimmer hing und um die Hoffnung, dass es noch schöne und ehrliche Dinge in diesem Leben gab.

Und überhaupt: Das Ding, das da in meinem Hof stand war im Grunde doch nur eine Blechbüchse. Und Blechbüchsen kann man bekanntlich mit ein paar Schrauben und Muttern neues Leben einhauchen. Und das werden wir ja wohl noch hinkriegen. Wir werden unsere Träume doch nicht durch solche Typen kaputtmachen lassen!

Und trotz aller Wut stand sie nun da, in meinem Hof. Und trotz aller Wut verbreitete sie, die Ape, Freude in meinem Leben.

Sie war ein Sympathieträger ohnegleichen. Sie war eine Blechbüchse mit so viel Charme, wie er eigentlich nur mir eigen war.

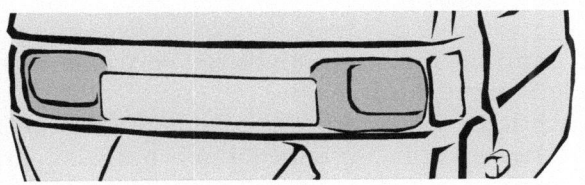

Ich spürte, dass wir zusammengehörten und ich fühlte, dass ich sehr viel Spaß mit ihr haben würde.

15

Von fairen Preisen und Vertrauen

Denn schon seit gut drei Jahren hatte ich auf Mobile.de oder Autoscout24 den Markt verfolgt. Unglaublich, ja, geradezu unverschämt teuer waren sie geworden, die Gebrauchtfahrzeuge. Und diese speziellen überhaupt.

Um nur einige Beispiele aufzuführen:

26 Jahre alt ! ! !	EZ 02 / 1997 6.500,00 €	gefahrene 11.000 Kilometer
19 Jahre alt ! !	EZ 02 / 2004 6.500,00 €	gefahrene 14.000 Kilometer
Guter Preis steht da bei Autoscout24		
19 Jahre alt ! !	EZ 05 / 2004 12.000,00 €	gefahrene 88 ! ? Kilometer)
88 km in 19 Jahren: wie geht das denn ?		
14 Jahre alt	EZ 09 / 2009 7.800,00 €	gefahrene 22.500 Kilometer

Da musste mir doch der Privatverkauf bei eBay geradezu als ein Schnäppchen erscheinen: Nur 13 Jahre alt EZ 04 / 2010, ca. gefahrene 8.000 Kilometer - 5.700,00 €

Und dann noch diese freundliche, vertrauenserwekkende Stimme am Telefon: „Ja, ich habe das Fahrzeug im letzten Jahr für meine Mutter gekauft. Da habe ich mir natürlich große Mühe gegeben, denn man will ja für seine Mutter kein Schrott kaufen. Ja, das Fahrzeug war das Beste, das ich für sie bekommen konnte. Nun gut, ein paar Gebrauchsspuren natürlich,

nach 13 Jahren. Aber sonst, alles top in Ordnung.
Meine Mutter wollte sich da so einen kleinen Traum
erfüllen. Sie wollte das Fahrzeug als Verkaufsstand
umbauen und so ihrem Hobby nachkommen. Doch
leider haben sich ihre Träume durch Corona nicht
mehr umsetzen lassen.
Also verkaufe ich das Gerät wieder."
„Und der Preis - in der Anzeige stand Verhand-
lungsbasis?"
„Ja, das habe ich dummerweise in die Anzeige mit
reingeschrieben, also 200,00 € könnte ich noch
nachlassen. Aber eigentlich ist das Fahrzeug jeden
Cent der von mir angegebenen 5700,00 € wert – wie
gesagt, es ist in einem Topzustand.

Und der TÜV hat das Fahrzeug ja vor knapp drei
Monaten neu abgenommen - ohne technische Mängel natürlich! Also auch da alles paletti - wie man
so schön auf Italienisch sagt!
Stehen tut die Ape allerdings nicht in Italien, sondern in Nordrhein-Westfalen."
Das waren etwa 670 Kilometer von meinem Wohnort im Allgäu entfernt.

Aufgrund der glaubhaften Versicherungen des Be-
rufspiloten am Telefon und meines unbeugsamen
Vertrauens - auch beim Fahrzeugkauf - sagte ich
ihm, dass ich das Fahrzeug kaufen werde.
Denn schließlich gab mir das Vertrauen in das Gute des Menschen ein so unfassbares, warmes tolles
Gefühl, dass ich selbst vor Freude heulen könnte.
Ich könnte vor Freude stundenlang heulen, weil es
immer noch Menschen auf dieser schlechten Welt
gibt, die Vertrauen schenken - eine Gabe die schon
längst ausgestorben zu sein scheint.

Nachdem ich vor lauter Freude aufgehört hatte zu Heulen, wichen die salzgetränkten Tränen der rauen Wirklichkeit.

Selbst ins Ruhrgebiet zu fahren, um das Fahrzeug anzuschauen, erschien mir zu weit zu sein.

Also fiel mir meine Schwestern ein, die ebenfalls dort wohnte, nämlich nur schlappe 45 Kilometer vom Verkäufer entfernt. Kurzerhand wurde sie von mir zum Kauf des Fahrzeugs engagiert!

„Was soll ich für dich kaufen?", meinte sie am Telefon.

Wie konnte man nicht wissen, was eine Ape ist – die kennt doch jeder, der einmal in Italien Urlaub gemacht hat. – Aber sie anscheinend nicht.

Also galt es ihr den Begriff Ape zu erklären.

„Ape ist schlicht und einfach die liebevolle Bezeichnung für ein Fahrzeug. Liebevoll deshalb, weil die Bezeichnung aus dem Italienischen kommt und ins Deutsche übersetzt „Biene" heißt.

Dabei hat der Namensgeber nicht an die überhebliche Königin unter den Bienen, sondern eher an die fleißigen Arbeiterinnen gedacht.

Im Fahrzeugbrief steht übrigens dreirädriges Kraftfahrzeug (KFZ). Weiter ist dort, im Fahrzeugbrief, von 65 Kilometern pro Stunde zu lesen. Also die Ape, von der ich gerade rede! Das berechtigt sie sogar auf Autobahnen zu fahren - was natürlich kein Ape-Fahrer wirklich will. Außer vielleicht so ein italienischer Kamikaze-Ape-Stockcar-Fahrer, wie wir ihn aus den Bud Spencer und Terence Hill Filmen kennen.

Also die Ape, die auf Autobahnen fahren darf, hat an ihrem Namen noch den Zusatz TM 703 angehängt. Leider konnte ich nicht wirklich glaubhaft ergründen, was diese beiden Beinamen bedeuten. Und schon gar nicht im Zusammenhang mit einer Biene.

Meine ganz persönliche, aber sehr vage Vermutung lässt den Schluss zu, dass das TM von Multifunktionstransporter herrührt. Im Italienischen etwa „Trasportatore Multifunzione". Und die Zahl 703 irgendwann einmal die Leistung der kleinen Biene in Kilowatt angab - nämlich 7 Komma 03 kW. Diese Ape, die ich im Begriff zu kaufen war, hatte allerdings satte 8 kW, also ca. 11 Pferdestärken (PS). Kaum vorstellbar, dass eine Biene das hin bekommen kann - aber wahr!

Ganz nebenbei gesagt stammt die Ape aus dem Hause Piaggio, einem italienischen Fahrzeughersteller mit Sitz in Pontedera.

Pontedera, ca. 330 Kilometer nördlich von Rom und derer 30 davon südlich von Pisa gelegen, ist eine Stadt mit etwa 30000 Einwohnern in der italienischen Region Toskana, genauer gesagt, in der Provinz Pisa. Etwa 300 Kilometer östlich davon liegt Venedig im Adriatischen Meer, wo einst Mario Girotti geboren wurde. Schlappe 300 Kilometer in westlicher Richtung liegt Porto Vecchio. Aber wer will das schon wissen, zumal der Hafen nicht italienisch ist und deshalb von dem französischen Rock- und Popsänger Julien Doré besungen wird - der ist aber nicht so berühmt wie Mario Girotti."

Soweit dieser kleine Ausflug in die italienische Heimatkunde.

Denn jedes Buch soll ja auf irgendeine Art und Weise leerreich sein - meine Bücher natürlich auch.

Doch wenn ich mir das Wort leerreich so anschaue, dann frage ich mich, wie ein Wort leer und reich zugleich sein kann?

Wahrscheinlich aber steht dieses „leerreich" nur im Zusammenhang mit meinen Büchern ...

Aber gut soweit - erst einmal.

Jetzt konnte sich auch meine Schwester etwas unter dem Begriff vorstellen.

Eine Koryphäe übrigens auf dem Gebiet der Automobiltechnik.

Was sie mir gleich am nächsten Tag bewies, als sie sagte, dass die Ape genauso schön rot aussieht, wie auf den Fotos. Und ja, auch die Eltern des Verkäufers seien ausgesprochen nett gewesen. Und ja, irgendwie sieht die kleine Biene sehr süß aus. Sie hat drei Türen, ein Lenkrad und sonst scheint alles andere auch vorhanden zu sein. Nein, also verrostet ist sie nicht wirklich, sie hat halt da und dort ein paar Dellen, aber nichts Dramatisches. Also ihr gefiel das Fahrzeug und die netten Leute dort. Sie hatte den Kaufvertrag unterschrieben und das Geld übergeben.

Außerdem hatte sie mit den ehemaligen Besitzern ausgemacht, dass die Ape noch ein paar Tage dort stehen bleiben könnte, solange eben, bis ich einen

Transport ins Allgäu organisiert hätte.

Sie, die Schwester hätte nämlich gerade gar keine Zeit mir die Ape ins Allgäu zu bringen.

Für die 670 Kilometer würde sie nämlich über 10 Stunden brauchen, wenn sie die ganze Zeit Vollgas fahren würde. Und das hielten weder ihre Ohren wegen des Krachs, noch ihr Sitzfleisch in Anbetracht der noblen Komfortsitzbank aus.

Außerdem waren ja überall auf den Autobahnen diese blöden Tempobegrenzungen, sodass ihr der Spaß am Fahren genommen würde.

Das konnte ich gut verstehen, denn wie soll bitte ein Fahrzeug, das maximal 65 Stundenkilometer fährt, eine Tempobegrenzung von 70 Stundenkilometer einhalten?
Das kriegt es noch nicht einmal steil bergab hin.
Und wenn doch, dann möchtest du da nicht drinsitzen. Und, wollte man wirklich mit einer Ape auf der Autobahn fahren?

Die Überführung ins Allgäu

Überführung? Oder hätte ich lieber „Der Transport"
schreiben sollen? „Überführung klingt so etwas
nach „tot oder kaputt" - eine Vorahnung?

Im Übrigen würde Bernd, ein Freund aus dem Pott
demnächst eh ins Allgäu fahren, wusste meine
Schwester weiterführend zu berichten.
Der könnte dann das Ding – und das hat sie echt
so gesagt - das Ding - auf seinen Motorradanhänger
werfen - und das hat sie echt so gesagt - werfen -
und mitnehmen.
Sie wusste genau, dass er das machen würde, denn
schließlich war er ja ein guter Freund!

Der gute Freund entpuppte sich abermals als ein
solcher. Es tat ihm in der Seele weh, dass diese
Transportmöglichkeit nicht in die Tat umzusetzen
wäre. Denn schließlich hätte sein Motorrad nur
zwei Räder und die sind blöderweise direkt hinter-
einander. Und so einen richtigen Plan hätte er nun
auch nicht, wie er die Ape über nur eine Rampe auf
den Anhänger schieben könnte? Außerdem hätte
sie ja wohl auch ein gewisses Gewicht, sodass man
sie nicht mal eben auf den Anhänger lupfen könnte.

Da hatte er wohl recht, denn schließlich hat dieses
Ding, wie meine Schwester zu sagen pflegte, ein
Leergewicht von 430 Kilogramm, was etwa 26 vollen
Bierkisten entsprach. Und die lupfte ja auch kein
Mensch mal so eben.
Aufgrund unserer langen Freundschaft nahm ich
ihm tatsächlich seine Bedenken ab - auch die mit
dem Sichern der Ladung und die, die sich mit dem
Entladen beschäftigten. Was nicht ging, dass ging
einfach nicht!

Also vertraute ich auch ihm, ebenso wie ich dem Autoverkäufer vertraute. Denn das Vertrauen in diesen Menschen, meinem guten Freund Bernd, gab mir wieder ein so unfassbares, warmes und tolles Gefühl, dass ich vor Freude hätte heulen können.

Um es abzukürzen, Bernd ist nach wie vor immer noch mein Freund. Nicht zuletzt deswegen, weil er mir aus dem Internet eine Adresse von einem privaten Autotransporteur heraussuchte, der für wenig Geld solche Überführungen anbot.

Und immer, wenn ich daran denke, was alles auf Vertrauensbasis geschieht, hat den Griff zum Papiertaschentuch zur Folge.

Und tatsächlich: ein Transporteur aus Krefeld bot mir an, die Ape für 262,43€ ins Allgäu zu bringen. Gut, dachte ich, denn nach meinen knallharten Verhandlungen hatte ich ja immerhin 200,00 € Nachlass auf die Ape bekommen. Also würde mir der Transport nur 62,43 € kosten - starke Nummer!

Irgendwie hatte ich dann doch Schiss, das Fahrzeug einem wildfremden Menschen anzuvertrauen. Bernd meinte aber, weil das über die offizielle Platform uShip im Internet liefe, brauchte ich mir keine Sorgen zu machen.

Und so war es dann auch: die Ape wurde verkehrs- und transportgerecht ins Allgäu geliefert.

Ähm, ja, hätte man auch schreiben können:
„Der Transport ins Allgäu".
Aber das ist ja egal - das Ding ist jetzt schon hier!
Es wurde mir quasi durch eine Person meines Vertrauens gebracht.

Erste Erfahrungen mit der Ape

Da stand sie nun, die dunkelrote Ape inmitten grüner Wiesen und Felder im Allgäu. Das war natürlich schon mal der Hammer, wie sie sich in die Landschaft einfügte, klein, bescheiden und feuerrot, geradeso, dass sie nicht auffiel.

Als erstes musste sie natürlich auf mich umgemeldet werden. Kein Problem, denn schließlich war man ja schon jahrelang bei derselben Autoversicherung, aufgrund vorbildlichen Fahrens im untersten Preissegment mit dem eigenen PKW versichert.

Nur schade, dass meine Versicherungsvertreterin vor kurzem in Rente gegangen war. Also galt es zunächst eine neue Agentur zu finden, die ihre Kunden übernahm. Am Ende sollte es dann eine Generalagentur in Biberach sein, die die Agentur meiner Beraterin übernommen hatte.

Und dann ging dieser Datenschutz-Scheiß wieder los. Zunächst musste ich eine Erklärung abgeben, dass diese Agentur in Biberach mit mir überhaupt telefonieren durfte. So ein Dreck und dann das Gezeter um der Hauptagentur zu erklären, dass ab heute die Biberacher Agentur für mich zuständig sein sollte.

Es ging zunächst einmal über drei Tage, bis alles in trockenen Tüchern war, sodass die neue Agentur endlich für mich tätig werden konnte.

Und dann, der Schock: Die neu engagierte Versicherungsagentur wollte satte 450,00 € Jahresbeitrag für mein dreirädriges Kraftfahrzeug.

Ich dachte, dass es mir den Vogel raushaut. Von Freunden erfuhr ich dann, dass sie für ihre wesentlich motorstärkeren Maschinen nur ein Zehntel dieses Preises zahlten – so ein Lump und Drecksack ging es mir nun durch den Kopf – der ist doch auch im Engelschor! Nur gut, dass ich nicht bei jedem Menschen so vertrauenswürdig war wie bei dem Fahrzeugverkäufer meiner Ape und bei meinem Freund Bernd.

Ohnehin hatte mir schon kürzlich jemand erzählt, dass es Autoversicherungen gäbe, die immer noch billiger wären, wie meine, der ich schon seit Jahren mein Vertrauen geschenkt hatte.

Und wieder war der Griff zum Papiertaschentuch sehr nahe, als ich bei einer Angebotsnachfrage erfuhr, dass mein PKW ohne Weiteres um 170,00 € billiger im Jahr zu versichern war, wie ich bisher bezahlte.

Verärgert über das Angebot der neuen Generalagentur kündigte ich natürlich meinen Vertrag im Internet problemlos. Dieser Stinkstiefel sollte keinen Cent mehr an mir verdienen – der Teufel sollte ihm seinen Dreizack ins Fiedle jagen!

Schwieriger wurde es dann, als ich auch die Ape übers Internet bei meiner neu gewählten Versicherung anmelden und versichern wollte. Es gab diesen Typ von Kraftfahrzeug schlicht und ergreifend nicht im Auswahlmenü auf dieser Plattform.

Also galt es eine Agentur dieses Anbieters zu finden, bei dem man noch „händisch", sozusagen, die Ape versichern konnte.

Glücklicherweise gab es genau diese Agentur an meinem Wohnort. Aber auch händisch war das alles nicht so leicht zu bewältigen – denn ein dreirädriges Kraftfahrzeug hatten auch die nicht im Angebot. Zu guter Letzt wurde meine Ape dort für knapp 50,00 € im Jahr versichert – aufgrund meines Alters und meiner umsichtigen Fahrweise über Jahre hinweg, wurde mir später erklärte.

Und wieder stiegen Hassgedanken in mir auf.

Wollte doch der Vertreter meiner jahrelangen Agentur schlichtweg das neunfache von dem, was ich nun zu zahlen hatte. So ein Drecksack kam es in mir hoch – doch halt, keine Beleidigungen, denn schließlich könnte das auf mich selbst zurückfallen. Also den ausgesprochenen Drecksack zurückgenommen und nur noch gedanklich gen Himmel gesandt. Pleite gehen soll der mit seiner Generalagentur!

Kurze Zeit später hatte ich die Versicherungsunterlagen in der Hand und konnte damit nach Leutkirch aufs Landratsamt fahren, um mein neues Fahrzeug anzumelden.
„Sind sie angemeldet?" – „Eh - nein."
Früher konnte man einfach hierherkommen und sein Fahrzeug anmelden. Natürlich war ich nicht angemeldet. Doch man erbarmte sich meiner, weil ich ja extra aus Isny angereist war und gab mir eine Nummer. Nein, noch keine Kennzeichennummer. Nein, das war so eine Nummer, mit der man sich in eine Warteschlange einreihte und dann nach Aufforderung an der Reihe war. Also stellte ich mich hinter die eine Person, die vor mir war.
Da die Zulassungsstelle in Leutkirch eher klein war und zwei Schalter hatte, kam ich auch sehr schnell dran und die Anmeldung klappte freundlich und reibungslos. Nur, als ich auf der überliegenden Straßenseite meine Kennzeichen anfertigen ließ, kam ein Anruf von der Zulassungsstelle, dass ich nur ein Kennzeichen an der Rückseite meines Fahrzeugs brauchte. Das fand ich interessant, weil die im Ruhrgebiet wohl zwei gebraucht hatten – aber sei's drum. Eins reichte und ich konnte wieder gen Isny fahren ... nachdem ich natürlich zunächst die Gebühren bezahlt hatte.
Bei den Kaufunterlagen fand ich eine Art

Betriebsanleitung, die ich kurz überflog.

Denn schließlich war ich schon seit fast fünfzig Jahren ein umsichtiger Autofahrer. Was also sollte da wohl bei der Bedienung der Ape anders sein, als bei eine normalen PKW – nicht zuletzt deshalb, weil sie auch vier Gänge und ein Lenkrad hatte. – Doch es sollte sich sehr bald herausstellen, dass dem nicht so war.

Da stand sie nun, auf dem Firmenparkplatz meines Arbeitgebers. Schnell war das Nummernschild montiert und ich konnte die erste Probefahrt machen. Den Rückwärtsgang fand ich dann aber doch nicht so auf die Schnelle. Die Ape hatte zwar einen Schalthebel, eine H-Schaltung aber keinen Rückwärtsgang, zumindest nicht bei der H-Schaltung. Also gut, dann musste es jetzt mal eben ohne Rückwärtsgang gehen, denn schließlich sollte es nur eine kleine Spritztour werden. Ohnehin wusste ich nicht, wieviel Benzin im Tank war und wie weit ich überhaupt kommen würde. Irgendwie bekam ich dann auch den ersten Gang herein, doch das Fahrzeug bewegte sich nicht, als ich meinen Fuß von der Kupplung ließ. Erst als ich die Kupplung komplett freigegeben hatte sprang die Ape mit einem Satz nach vorne, sodass ich auf dem Grünstreifen zu stehen kam, der den Parkplatz von der Straße trennte. Tief gruben sich die schmalen Reifen in das sanfte Grün. Und ohne Rückwärtsgang war ein Zurücksetzen auch nicht möglich. Also Augen zu und durch, musste nun die Devise heißen. Ich bretterte einfach über die Wiese und bog in die Hauptstraße ein.

Am nächsten Tag hieß es aus der Chefetage, dass man mich schwer in Verdacht hätte, ein paar Furchen in das Grün gezogen zu haben. Die Spurenlage sei eindeutig, denn kein, aber auch kein anderes Fahrzeug würde solche schmalen und tiefen Rillen verursachen. Also gut, ich musste es zugeben und unseren Gärtner mit zwei Flaschen Bier besänftigen. Zum Glück hatte er nicht den weiteren Verlauf meiner Probefahrt mitbekommen, denn sonst wäre das Gespött der Arbeitskollegen wohl sehr groß gewesen.

Die Probefahrt, die ich nach Erreichen des festen Asphalts fortsetze endete nämlich fast damit, dass ich meine neu erworbene Ape um ein Haar in den tosenden Fluten der Unteren Argen, einem kleinen Flüsschen, ganz in der Nähe meiner Firma versenkt hätte.

Ich fuhr also circa 300 Meter dorthin, mir schwertuend irgendeinen Gang einzulegen und irgendwie geschmeidig von der Stelle zu kommen – irgendwie zog sie nicht richtig. In dem Wissen, dass das hier noch wesentlich besser laufen könnte, beschloss ich die Straße zu verlassen, um in einem kleinen Waldweg zu wenden.

Der Waldweg indes, war wirklich klein und bot nicht genügend Platz darauf zu wenden. Also war ich gezwungen seinem Verlauf weiter zu folgen, in der Hoffnung, dass sich noch eine Wendeplatte vor mir auftat. Dem war leider nicht so. Ich passierte zunächst ein Schild, das anzeigte, dass der Weg für PKWs gesperrt und nur für forstwirtschaftliche Fahrzeuge zugelassen war.

Außerdem würde er immer schmaler. So ein Mist. Glücklicherweise erinnerte ich mich daran, dass in der Betriebsanleitung etwas von einem kleinen Hebel beschrieben war. Der musste umgelegt werden, damit das Fahrzeug rückwärtsfuhr. Cool dachte ich, dann hat die Ape ja wohl auch 4 Rückwärtsgänge, denn die H-Schaltung konnte nach Umlegen des Hebels auch bedient werden.

Für den Augenblick allerdings wäre mir schon mit einem dieser vier Rückwärtsgänge geholfen.

Nur der Hebel war von mir nicht gleich auszumachen. Ich sah rechts neben der Lenkradsäule zwei verschiedene Hebel in verschiedenen Ausführungen und Farben. Der eine war der Choke, den man zum Vorglühen brauchte. Das wusste ich noch aus früheren Zeiten, als ich einen Renault R4 fuhr. Der zweite Hebel war dem ersten ähnlich, aber rot lackiert. An dem stellte ich jetzt mal ein wenig rum. Aber auch der war nicht der Rückwärtsgang. Die Ape arbeitete sich immer tiefer in den Wald hinein. Das Verbotsschild schien sie nicht zu interessieren. Dann fand ich noch einen großen Hebel, der senkrecht parallel zur Lenkradsäule auf der linken Seite hing. Den betätigte ich gleich einmal und gab wieder Gas. Das mochte mein Fahrzeug überhaupt nicht. Sie fuhr nicht los, sondern hüpfte einen Meter nach vorne, um dann abzusterben. Ich probierte das noch zwei Mal aus, um nach weiteren zwei Ein-Meter-Sprüngen bis zum Abgrund am Ufer der Unteren Argen festzustellen, dass ich keinen weiteren Versuch mit diesem dritten Hebel unternehmen sollte. Durch die meterhohen Brennesseln konnte ich das tosende Wasser erblicken. Außerdem hatte ich das Gefühl, als ob sich Schlingpflanzen mit ihren Dornen um mein Fahrzeug schlangen. Für einen Augenblick dachte ich, dass ich sicherheitshalber mal aussteigen sollte. Doch durch den Gedanken des Ehrgeizes getrieben blieb ich sitzen. Verdammt noch mal! Irgendwo musste doch der Hebel sein, mit dem ich die vier Rückwärtsgänge einlegen konnte. Und selbst wenn ich jetzt noch einen weiteren Hebel finden würde, wäre es ja immer noch nicht sicher, dass es der richtige wäre. Die Gefahr, dass ich über den Abhang direkt ins Wasser springen könnte, war gegenwärtig.

Hoffentlich sah mich keiner.

Und wie wäre es zu erklären gewesen, dass ich weit ab der normalen Straße die Ape so (nicht-) gekonnt ins Wasser warf?

„No Risk no Fun" oder besser „Nessun rischio, nessun divertimento", wie der Italiener zu sagen pflegt, schoss es mir durch den Kopf. Mein Blick fiel dann doch noch, allerdings links der Lenkradsäule, hinter meinem rechten Knie versteckt, auf einen weiteren Hebel. Der sah so ähnlich aus wie die beiden kleinen auf der rechten Seite der Säule.

Ich legte ihn um, startete die Ape und ließ ganz langsam die Kupplung los. Zunächst passierte nichts. Erst als ich die Kupplung komplett freigab, machte die Ape einen Satz nach hinten – hinaus aus dem Gebüsch und zu meiner Erleichterung weg vom Abhang und den darunter tobenden Fluten.

Da ich es nicht erwarten konnte vollends auf die Straße zurückzukehren, versuchte ich einen weiteren Rückwärtsgang einzulegen, was aber nicht ging.

Dennoch gelang es mir den festen Asphalt der Straße zu erreichen. Ich konnte meine Fahrt in Richtung des Ausgangspunktes fortsetzen.

Unterwegs hielt ich noch einmal an, um herauszufinden, ob ich den jetzt den richtigen Hebel für den Rückwärtsgang gefunden hatte. Das war wohl so, denn die Ape fuhr tatsächlich immer dann rückwärts, wenn ich es wollte. Aber nur in einem Gang – also doch keine vier Rückwärtsgänge?

Und dieser rote Hebel auf der rechten Seite der Lenkradsäule – welche Bedeutung hatte denn der? Das fand ich dann Tage später auch noch heraus.

Ich beschloss die Ape wieder auf dem Parkplatz meines Arbeitgebers abzustellen um zuhause zunächst einmal die Betriebsanweisung genauer durchzulesen.

Gleich auf der ersten Seite stand dort, dass dieses Fahrzeug nicht für den Gebrauch im Wasser bestimmt war. – Ach nein, dass stimmte ja gar nicht. Das hatte ich in der Nacht nach meiner Jungfernfahrt mit der Ape nur geträumt.

Später fand ich dann noch heraus, dass der senkrechtstehende Hebel links der Lenkradsäule die Handbremse war. Kein Wunder also, dass die Ape es nicht mochte, mit angezogener Handbremse gefahren zu werden.
Der kleine rote Hebel neben dem Choke hatte wohl was mit der Belüftung zu tun. Aber um das genauer nachzulesen hatte ich für heute keinen Sinn mehr.

Ich fiel in einen tiefen Schlaf, dessen Traum sich nach und nach mit Wasser füllte.

Nachdem die erste Ausfahrt mit der Ape fast zur Katastrophe geworden wäre, nahm ich mir vor, sie in den nachfolgenden Tagen etwas genauer unter die Lupe zu nehmen.
Möglicherweise konnte ein Blick in die Betriebsanleitung auch nicht schaden.
Aber wem erzähle ich das?
Denn schließlich verdiene ich mein Geld mit dem Erstellen von Betriebsanleitungen.

Vertrauen ist gut, Kontrolle wäre besser

Ein „Freund" von mir meinte noch, dass es vielleicht ratsam wäre, die vor fünf Jahren erworbenen Schiffsführerscheine mitzunehmen. Möglicherweise müsste ich mich bei ungewollten Wasserfahrten ausweisen können. Und die verstaubten Dinger kämen dann auch mal wieder aus der Schublade heraus.

Vertrauensvoll hatte ich ihm von meinen ersten Fahrversuchen berichtet. Eigentlich wollte ich ihm damit sagen, dass jedes Ding seine Eigenheiten hatte. Das schien er aber nicht verstanden zu haben. In diesem Fall verzichtete ich auf den Griff zum Papiertaschentuch und verbuchte seine blöde Bemerkung einfach nur unter „der kann's halt nicht besser!"

Ich wusste nach dem Studieren der Betriebsanleitung immerhin schon einmal, dass es nur einen Rückwärtsgang gab. Und zwar nur dann, wenn ich mit der H-Schaltung den ersten Gang einlegte und den Rückwärtsganghebel um 90 Grad nach oben stellte. Es war aber nicht ganz einfach den ersten Gang zu finden, weil der Schalthebel gefühlt ein Meter lang war und die Führung im Getriebe sehr viel Spiel hatte, sodass der Schalthebel gewaltig in der Luft herumrührte.

Außerdem kam es mir so vor, als ob die Schaltung mit ein wenig Zwischengas besser funktionierte. Apropos Gas, ja Gas musste man bei der Ape reichlich geben, damit sich überhaupt etwas bewegte. Und selbst das war nicht so einfach, denn die Pedale hatten einen sehr viel größeren Abstand zum Bodenblech, als das in normalen Autos der Fall war. Ich konnte meine Füße nicht am Boden liegen lassen, da sonst die Pedale nicht zu bedienen waren. Sie, die Füße blieben immer in der Luft, was auf Dauer leicht mal zu Verkrampfungen führen konnte.

Die Kupplung allerdings reagierte komisch bis gar nicht. Erst wenn ich sie ganz losließ setzte sich das Fahrzeug in Bewegung. Das hatte den großen Nachteil, dass das Anfahren am Berg sehr, sehr spannend war.

Moment mal, das zulässige Gesamtgewicht dieses Geräts lag bei 1,25 Tonnen. Da konnte es doch nicht sein, dass sie bei der kleinsten Steigung nicht von der Stelle kam. Da fehlt es doch an der Kraftübertragung. – Und war sie einmal in Schwung, so bekam ich sie fast nicht zum Stehen, weil das Gewicht von ca. 500 kg (die Ape und ich) ganz schön nachschob.

Dazu kam noch, dass viele Lampen am großzügigen Armaturenbrett immer dunkel blieben.

Das alles ließ mich zu der Überzeugung kommen, dass nicht alles mit diesem Gerät so paletti war, wie man es mir mit Engelszungen am Telefon erzählt hatte.

Und nein, sie war nicht jeden Cent der zunächst geforderten 5700,00 € wert.

Ich entschloss mich deshalb, die von einer technischen Überwachungsstelle in Hessen mit der Bewertung „ohne Mängel" geprüfte Ape TM 703 durch eine autorisierte Piaggio Vertragswerkstatt prüfen und gegebenenfalls in Stand setzen zu lassen.

Aber hoppla, das war gar nicht so einfach eine solche Werkstatt zu finden, obwohl ich mir die Händlerliste von Piaggio besorgt hatte.

Die meisten der Händler vertrieben den beliebten Roller Vespa (auf gut deutsch Wespe) oder die kleineren Schwestern meiner Ape TM, deren Produktion am 31. Dezember 2016 von Piaggio eingestellt worden ist.

Grund dafür war die ab dem 01. Januar 2017 geltende Euro 4 Verordnung für Fahrzeuge der Homologationskategorie „L", deren Vorgaben die Ape TM nicht mehr erfüllen konnte.

Unter Homologation versteht man im Übrigen ein überstaatliches System für die Zulassung von Kraftfahrzeugen und Fahrzeugteilen.

Die Homologationskategorie „L" gilt für alle zwei- oder dreirädrigen und vierrädrigen Fahrzeuge, wie ein jeder weiß!

In diesem Zusammenhang weiß man ja auch, dass Piaggio die Lieferung von Ersatzteilen für die Ape TM zehn Jahre lang, also bis zum 31. Dezember 2026 gewährleistet. Nur, was ist mit den Vertragswerkstätten?

Lange Rede kurzer Sinn: ich fand tatsächlich (zu meinem Glück, dachte ich zunächst) einen Piaggio Vertragshändler in etwa 30 Kilometern Entfernung, Richtung Bodensee, von Isny aus.

Und der betreute auch, so große Maschinen, wie meine Ape.

Ich machte also einen Termin am Telefon aus. Während dieses Erstkontaktes erklärte mir der Meister dort, dass bei den Modellen ja gerne mal die Schrauben festsitzen und die Reparatur dann wesentlich länger dauern würde.

Das fand ich interessant, dass er das jetzt schon wusste, obwohl er mein Modell noch gar nicht gesehen hatte. Ich erwähne es auch nur, weil sich genau dieser Satz in der späteren Rechnung wiederfand und mich solche hellseherischen Fähigkeiten immer schon faszinierten.

Für die dreißig Kilometer brauchte ich mit der Ape über eine Stunde, da sie die Berge im Allgäu wohl nicht gewohnt war. Zum Glück schaute ich ständig in den Rückspiegel und beobachtete den mir folgenden Verkehr. Ich glaube so mancher Lastwagenfahrer hätte mich gelyncht, wenn er mit circa fünf Stundenkilometern an den Steigungen an meiner Hinterachse geklebt wäre. Nein, ich fuhr immer gleich rechts ran und ließ sie passieren, selbst auf die Gefahr hin, dass meine Maschine das Anfahren am Berg nicht packen würde.

Selbstlos wie ich nun einmal war und vor Angst das Ziel nicht zu erreichen, quälte ich mich nassgeschwitzt mit meinem Fahrzeug die Steigungen hoch.

Am Ziel angekommen erwartete mich sogleich die nächste Überraschung. Bevor ich noch damit begann, die von mir festgestellten Mängel aufzuzählen, wurde mir mitgeteilt, dass in dieser Werkstatt zu einem Stundensatz von 99,00 € repariert wurde. Und das auch bei einer Ape, bei welcher der Gebrauch von Computern (die einen solchen Stundensatz möglicherweise rechtfertigten) nicht vorgesehen - da nicht nötig – war.

Etwas geschockt, ob der Unverschämtheit, die im Bodenseekreis offenbar gut gedeiht, willigte ich schließlich ein, diesen Preis zu bezahlen – auch vor dem Hintergrund natürlich, dass ich nicht wieder mit fünf Stundenkilometern und mordsüchtigen Lastwagenfahrern im Rücken die Heimreise antreten wollte.

Ich erklärte ihm also, was mir alles (an der Ape) nicht gefiel und bat um ein Angebot. Dann ließ ich mich von meiner Partnerin abholen und harrte der Dinge die da kommen mögen.

Die Dinge kamen ein paar Tage später in Form eines Kostenvoranschlags in Höhe von 1.500,00 €. Unter anderem waren folgende Dinge zu reparieren oder zu ersetzen:

Motoröl, Auspuff, Schwimmernadelventil, 2 Dichtungen, 3 Bremszylinder, Auspuffstutzen, Auspuffdichtung, Bremsbackensatz vorne und hinten, Birne, Kupplung, Kupplungsdeckeldichtung, Zahnrad, Messinglager, Unterlegscheiben, Auspuffdichtung und geschätzte Arbeitszeit.

Das war im Januar 2023, knappe fünf Monate nach der Prüfung durch eine technische, amtlich anerkannten Überwachungsorganisation in Hessen, die der Ape das Zeugnis „ohne festgestellte Mängel" ausstellte.

Um die Sache abzuschließen: am Ende zahlte ich 1.719,05 €.

Mir … nein, der Ape wurde eine komplett neue Bremsanlage eingebaut, deren Ausbau erschwert war, da, wie bereits im Voraus erkannt, die Schrauben festgerostet und abgerissen waren.

Der neue Auspuff war notwendig, weil der alte vier Mal (vier Mal!) gebrochen war.
Die neue Kupplung war notwendig, da keine Kraftübertragung mehr vorhanden war.

Das konnte ich so nicht glauben und setzte ich mit dem Verkäufer der Ape in Verbindung. Abermals mit Engelszungen versicherte er mir, das mit der Ape vor gut fünf Monaten noch alles in Ordnung war.

Und er könnte sich so etwas überhaupt nicht erklären, da er sie seit der Freigabe durch die Zulassungsstelle kaum mehr bewegt hatte.

Ich war geneigt diesem Piloten nichts Gutes für seine berufliche Zukunft zu wünschen.
Oder aber, dass er mit seinem Flugzeug an die gleichen Spezialisten geraten sollte, wie es ihm mit der Ape passiert war. Außerdem zweifelte ich an seiner Ausbildung. Als Pilot hatte man doch sicherlich auch gute technische Kenntnisse, also zumindest so gute, dass man erkennen hätte können, dass mit der Ape etwas nicht - was heißt hier etwas nicht – vieles nicht in Ordnung war.

Ich nahm diese Verfluchung dann aber wieder zurück, da auch unbeteiligte Menschen Schaden nehmen konnten. Aber hauptsächlich nahm ich sie deshalb zurück, weil ich unter Flugangst litt und eine merkwürdige Vorahnung mir einredete, dass ich gerade wegen dieser Flugangst eines Tages von einem abstürzenden Flugzeug erschlagen werde.

Ich mochte ihm, dem Herrn Piloten, nicht die Genugtuung geben, dass er zweimal zu meinem Unglück beigetragen hätte. Also nahm ich den Fluch zurück und wünschte ihm ein paar Tage Durchfall von der schlimmsten Sorte.

Das waren meine frommen Wünsche für ihn und von mir aus auch noch für seine Mutter. Aber sie konnte wahrscheinlich am wenigsten dafür, denn schließlich war er es, der nur das Beste für seine Mutter wollte.
Und so beschloss ich, sie nicht gleich mit zu verfluchen.

Dann nahm ich es mit den beiden alten Männern Waldorf und Statler aus der Muppet Show:
„Aufregen lohnt sich nicht: Mülleimer auf, Arschloch rein, Mülleimer zu!"

Überwachungsorganisation

Ich nahm mir die Zeit, um einen Brief an die zuständige amtlich anerkannte Überwachungsorganisation in Hessen zu schreiben:

Sehr geehrte Damen und Herren,

ich habe am 12.10.2022 eine Ape TM von einer Familie im Ruhrgebiet gekauft. Ich habe sie nicht zuletzt deshalb gekauft, weil ihr knapp 5 Monate vorher von ihrer amtlich anerkannten Überwachungsorganisation eine neue TÜV-Plakette ausgestellt wurde.

Die Familie hat mir erzählt, dass sie mit der Ape danach nicht mehr oft gefahren ist.

Zur Überführung von Nordrhein-Westfalen nach Isny habe ich einen Abschleppdienst beauftragt, sodass das Fahrzeug keine weiteren Kilometer bewegt wurde.

Da ich bei der ersten Ausfahrt auf wesentliche Mängel gestoßen bin, habe ich die Ape zur Untersuchung in eine Piaggio Vertragswerkstatt gebracht.
Aus der beiliegenden Rechnung können sie entnehmen, was alles gerichtet werden musste, damit die Ape verkehrstauglich ist:

Der Auspuff war 4x gebrochen, alle Bremsen waren defekt, es gab keine Kraftübertragung, weil die Kupplung komplett runter war.
Die gesamte Beleuchtung auf der linken Fahrzeugseite war ausgefallen, da der Kunststoff-Sicherungskasten über die gesamte Länge einen Riss

hatte, wodurch die Sicherungen nicht mehr in der Halterung fixiert werden konnten. Von den 6 Sicherungen baumelten 3 halblebig in der Halterung.

Nun fragen sich die Fachleute, wie es sein kann, dass derartige Mängel innerhalb von 5 Monaten auftreten können, wenn in der Hauptuntersuchung gemäß §29 StVZO als Ergebnis: „ohne festgestellte Mängel" steht und das Fahrzeug seither nicht mehr benutzt wurde?
Da mir durch diesen Vorgang wesentliche Unkosten entstanden sind, erbitte ich ihre Stellungnahme bis zum 01.02.2023.

Bis dahin verbleibe ich mit freundlichen Grüßen

Die Antwort der Zulassungsstelle kam direkt am nächsten Tag.

Sehr geehrter Herr Bahro,

Ihre Mail vom 23.01.2023 haben wir erhalten und sind Ihrem Anliegen nachgegangen. Die Unannehmlichkeiten, die Ihnen mit dem Fahrzeugkauf entstanden sind, bedauern wir.
Hierzu erhalten Sie unsere Stellungnahme.

1. Technische Aspekte
Unser Prüfingenieur hat am 05.05.2022 die Hauptuntersuchung am o.g. Fahrzeug vorgenommen. Im Rahmen dieser Prüfung wurden keine Mängel im Sinne des Straßenverkehrsrechts festgestellt, hierzu im Einzelnen.

Zur Bremse:
Die Bremswirkung wurde im Rahmen einer Probefahrt für in Ordnung befunden. Eine Beurteilung der Wirkung auf dem Bremsenprüfstand ist technisch nicht möglich. Wären zum Zeitpunkt der Hauptuntersuchung Mängel festgestellt worden, hätte das unser Prüfingenieur auch dokumentiert. Des Weiteren führen wir eine zerlegungsfreie Prüfung durch. Somit können wir auch nur sehr eingeschränkt den Zustand der Bremsen im Inneren der Bremstrommel beurteilen. Im Übrigen wurde das Fahrzeug seit der Hauptuntersuchung 300 km gefahren und es sind auch schon 8 Monate vergangen.
Was in dieser Zeit alles mit dem Fahrzeug passiert ist (extreme Überbeanspruchung durch Vorbesitzer, Standschäden, ...) entzieht sich unserer Kenntnis. Wir beurteilen nur den Zustand des Fahrzeuges zum Zeitpunkt der Hauptuntersuchung.

Zur Kupplung:

Auch hier war bei der Hauptuntersuchung eine Kraftübertragung vorhanden, sonst hätte der Prüfingenieur keine Probefahrt durchführen können und das auch bemängelt.

Zum Auspuff:

Zerlegungsfreie einsehbare Teile der Auspuffanlage werden bei der Hauptuntersuchung geprüft. Dabei wurden keine sichtbaren Mängel festgestellt.

Zur Lichttechnik:

Die Beleuchtung wurde bei der Untersuchung geprüft und war da in Ordnung. Das Öffnen des

Sicherungskastens und die Kontrolle der Sicherungen ist nicht Bestandteil der Hauptuntersuchung.
2. Rechtliche Aspekte

Zwischen Ihnen und unserer Zulassungsstelle be-steht keine Vertragsbeziehung, aus der sich vertragliche Ansprüche ableiten ließen. Insofern ist hierbei auch kein Vertrauen auf den Prüfbericht schützenswert.
Als Fahrzeugkäufer treffen Sie selbst eigene Untersuchungspflichten; eine HU Bescheinigung ist - entgegen einer landläufigen Auffassung - eben nicht mit einem Gewährleistungs-/Garantiepapier zu verwechseln.
Somit sind Sie auf mögliche Gewährleistungs- und Schadenersatzansprüche gegenüber Ihrem Vertragspartner (d.h. dem Verkäufer des Fahrzeugs) angewiesen.

Als Ergebnis können wir kein Fehlverhalten unseres Prüfingenieurs bei der Hauptuntersuchung am 05.05.2022 erkennen.

Wir bitten um Ihr Verständnis für die insofern klare Sachlage, stehen Ihnen aber für eventuelle Rückfragen gerne zur Verfügung.

Mit freundlichen Grüßen

Natürlich hatte ich nicht erwartet, dass die Antwort so rasend schnell kommen und schon gar nicht, dass sie so wortgewaltig sein würde.

Wenn jemand so fließend schreibt, dann hat er was zu verbergen. Das ist im richtigen Leben auch so: Wenn ich beschuldigt werde, etwas getan zu haben, was ich besser nicht getan hätte, dann rede ich ebenso wie ein Wasserfall und rede dummes Zeug, nur um von der Beschuldigung abzulenken.

Oder aber ich schreibe ein Buch und lüge darin, dass sich die Balken biegen - denn ein Buch hat den Vorteil, dass ich mich mit der Kritik nicht auseinandersetzen muss, da mir die Leser meistens fremd bleiben.

Und da meine Bücher nicht so bekannt sind, dass sie in öffentlichen Bestsellerlisten auftauchen, wird das wohl noch eine Weile so bleiben.

Nein, und ich hätte auch nicht erwartet, dass die Antwort gelautet hätte: „Ach wissen Sie, unser Prüfingenieur ist ein alter Schulkamerad von dem Piloten und da haben die so unter Freunden na sie wissen schon".

Nein natürlich hätte ich das nicht erwartet.

Aber zu schreiben, dass man eigentlich nicht ausgerüstet ist, ein derartiges Fahrzeug zu prüfen, das hat ja auch schon was!

Und dass die Kupplung in Ordnung war, weil der Prüfingenieur eine Probefahrt machen konnte, kann auch sein. Denn schließlich bin ich die fast dreißig Kilometer zur Vertragswerkstatt auch noch gefahren - aber wie!?

Also blieb die Frage offen:

Wer hat den nun hier nicht die Wahrheit gesagt.

Ich war geneigt, eine Rundumklage einzureichen. Zunächst gegen den Verkäufer, der von all dem nichts gewusst haben will. Und dann eine Gegenüberstellung amtlich anerkannten

Überwachungsorganisation gegen Vertragshändler.
Denn warum sollte man all diese Dinge in die Ape
einbauen, wenn die laut Stellungnahme der Überwachungsorganisation total in Ordnung waren?
Nach kurzer Rücksprache mit meinem Anwalt
erklärte mir dieser, dass die Erfolgschancen in diesem Falle eher gering waren.
Der Verkäufer wird nichts zugeben, also bin ich in
der Beweispflicht. Die Überwachungsorganisation
windet sich sowieso raus und dem Vertragshändler
wird man bescheinigen müssen, dass die Ape nach
der Reparatur besser fährt als vorher.
Auch wenn er sich um die, durch die Reparatur
entstandenen Fehlzündungen, nicht mehr kümmern mag. In dieser Sache warte ich seit einem hal-
ben Jahr auf seinen Rückruf. Bei meinem letzten
Anruf war gerade die Computeranlage ausgefallen
und er konnte sich an nichts mehr erinnern.
Auf jeden Fall fiel mir dazu die Frage vom Anfang
des Buchs ein: Wie kann man nur? Ich kann, ich
kann trotzdem an das Gute im Menschen glauben,
auch wenn ich den einen oder anderen so derma-
ßen verfluche, dass ich ein schlechtes Gewissen
davon bekomme. - Diese Drecksäcke, die ...
Ja, ich hatte diese Ape gekauft, weil ich mir davon
sehr viel Spaß erhoffte. Doch der Spaß war weit,
weit weg und etwas in mir riet mir, doch mal wieder in die Kirche zu gehen, um mein Gewissen zu
erleichtern. Denn schließlich hatte ich in letzter
Zeit so viele Menschen verflucht und ihnen einen
Dreizack in deren Arsch gewünscht.
Nein, schön war das nicht. Aber wenn ich meine,
dass ich von ganz, ganz vielen Menschen ganz, ganz
doll verarscht werde, dann kann ich denen auch
einen Dreizack in denselben wünschen.
Und nein, zur Beichte würde ich auch nicht gehen,
das war so sicher wie das Amen in der Kirche!

Mülleimer zu - weiterträumen

Ach ja, ich wollte euch von meinen Träumen erzählen: von Freiheit, Abenteuer, von netten Menschen, vom Verliebtsein in kleine oder größere Details, von Freude, Lachen und Spaß haben.
Ich wollte berichten von Leichtigkeit, von wehenden Haaren im Wind, von Freundlichkeit unter den Menschen, von Vertrauen und von einem unbekümmerten Leben. Ja, das wollte ich, auch wenn das bisher geschilderte weit weg von alledem ist.
Ja, das will ich eigentlich immer noch.
Also zurück zur Muppet Show ... Mülleimer zu!

Ich war jetzt schon so weit gegangen. Die Ape stand nun sozusagen generalüberholt vor mir. Und sie hatte mir schon sehr viel Geld gekostet. Was blieb mir da anderes übrig als mit ihr zu fahren.
Doch wenn ich rund um Deutschland wollte, dann musste da noch einiges nachgerüstet werden, damit aus diesem kleinen schnuckeligen roten Teil ein tolles Wohnmobil werden sollte.
Zum ersten Mal im Leben hatte ich den Eindruck, dass sich meine Ausbildung zum Maschinenbautechniker lohnen könnte. Ich begann damit den Kasten der Ape zu vermessen, damit ich ihn mit unser 3D-CAD-Computersystem aufzeichnen konnte. Millimetergenau - versteht sich von selbst. Denn in diesem Kasten war nicht wirklich viel Platz, wenn man eine komplette Wohnmobileinrichtung einbauen wollte. - Jawohl, eine komplette Einrichtung, mit allem was man so brauchte für eine Deutschlandumrundung.
„Was für eine verrückte Idee!" hörte ich Freunde und Bekannte in meinem Umfeld sagen.
„Aber super geil!" gab ich ihnen zur Antwort.
Und sie wagten nicht zu widersprechen.

Der Ausbau zum Wohnmobil

Selbst auf die Gefahr hin, dass meine Chancen bei
einem Großteil des weiblichen Geschlechts abrupt
in den Keller gehen, gebe ich an dieser Stelle mein
Alter preis: Ich bin zum Zeitpunkt dieses Schrei-
bens 68 Jahre alt. Zum Zeitpunkt des Vermessens
der Ape war ich 67 Jahre alt, was den Kohl aber
deshalb nicht fetter macht.
Ich schreibe das nur, um euch klar zu machen, wie
diese Vermessung praktisch umgesetzt wurde.
Im unteren Bild seht ihr die Maße, die ich eigen-
händisch mit Zollstock, Rollmeter und Messschie-
ber ermittelt habe.

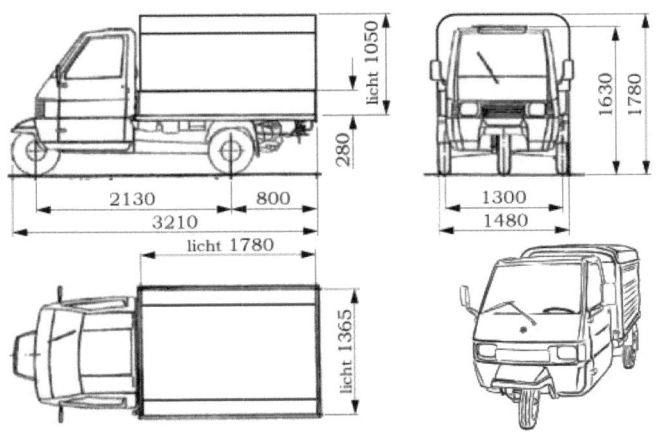

Also, die lichten Innenmaße des Kastenaufbaus
sind 1780 x 1365 x 1050 Millimeter. Die Maßenheit
ist meinem Beruf geschuldet, im Maschinenbau
wird sie so verwendet. Wenn ihr eure Zeit sinnvoll
füllen wollt, dann könnt ihr sie ja mal in Zentimeter oder Meter umrechnen - soll ja für einen großen
Anteil unserer Bevölkerung nicht ganz einfach sein.

45

Um an diese Maße zu kommen, musste ich auf allen vieren in dem Kastenaufbau rumrutschen. Das war aufgrund meiner schwindenden Beweglichkeit im Alter nicht ganz einfach. Außerdem schmerzten meine Knie ganz fürchterlich, weil der Boden aus hartem Blech war. Erst als ich einen Knieschoner in Form eines Kissens nahm, wurde es ein wenig besser.

Eine meiner Töchter meinte nur, dass ich Opa sei. Und Opa bedeutete, nicht auf allen vieren in einer Blechdose herumzukriechen. Vielmehr sollte ein Opa seine Enkelkinder auf seinen Knien sitzen habe und ihnen davon berichten, wie gelenkig er in jungen Jahren war, als er ihrer Oma nachstieg.

Also, mal ganz ehrlich 1,780 x 1,365 x 1,050 Meter sind nicht wirklich viel. Und schon gar nicht wenn ein alter Mann sich darin auf den Knien fortbewegt und sich auch noch mehrmals drehen muss, um an alle auszumessende Stellen zu gelangen - mal ganz abgesehen davon, wenn er seine Brille außerhalb der Blechdose liegen gelassen hatte und deshalb die Maße auf dem Zollstock nicht lesen konnte.

Vielleicht habt ihr ja so einen Tisch mit den Maßen:
Länge: 1,80 Meter
Breite: 0,90 Meter und
Höhe: 0,75 Meter
zuhause.
Der ist nicht sehr viel kleiner, wenn man darunter rumkrabbelt.

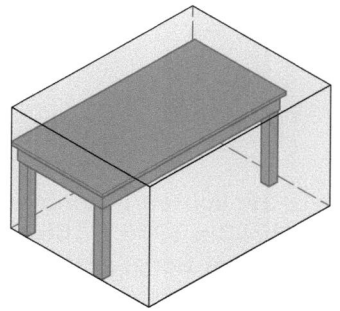

Ich meine ja nur für den Fall, dass ihr meine Ausmessungsaktion live nachvollziehen wolltet.

„Der muss doch nur den Tisch auf einen Tisch stellen, dann braucht er sich beim Ausmessen nicht so bücken!" könnten an dieser Stelle die beiden anderen Opas aus der Muppet Show angemerkt haben.

Nein, so einfach war das nicht zu lösen, denn schließlich nahm ich die Maße in der Ape und die konnte ich nicht auf einen Tisch stellen, selbst wenn sie noch so schnuckelig aussah.

Anfänglich redete ich mir ein, dass mir diese Art von Gymnastik guttat, man wollte ja in Bewegung bleiben. Am gleichen Abend belehrte mich mein Körper eines Besseren - mir tat gefühlt alles weh.
An irgendeiner Stelle dieses Buches ist zu lesen:
„ ... vom Verliebtsein in kleine oder größere Details, von Freude, Lachen und Spaß haben ..."
Und an dieser Stelle des Buches verweigert der Autor jegliche Stellungnahme zu diesem Thema.

Nachdem der Innenraum vermessen war, schloss ich die beiden Heckklappen. Dabei fiel mir auf, dass es im Inneren dadurch ziemlich dunkel wurde.
Also suchte ich einen Freiwilligen, der sich in den Kasten setzte während ich die Klappen noch einmal von außen verschloss.

Nachdem ich ihn wieder rausgeholt hatte, bestätigte er mir die völlige Finsternis im Innenraum.
Er hatte zwar so ein komisches Kabel mit irgendetwas dran entdeckt - könnte mal die Beleuchtung gewesen sein - aber jetzt war da nichts mehr.

Na, wenn das so ist, dann muss doch als erstes ein Fenster oder eine Luke eingebaut werden, denn wer will da schon auf allen vieren im Dunkeln herumkrabbeln?

Das Theater mit der Dachluke

Nun, der Kauf eines Dachfensters oder einer Dachluke, wie man es auch immer nennen möchte, war kein großes Ding, denn schließlich haben wir hier in Isny einen Camping-Ausstatter.
Die Frage allerdings, ob ich so ein Fenster in die Ape einbauen darf, überforderte jedoch so ziemlich jeden, dem ich sie stellte.
Deshalb fuhr ich persönlich zu einer amtlich anerkannte Überwachungsorganisation. Dort begam ich zur Antwort, dass es grundsätzlich schlecht sei, Sachen in fertige Fahrzeuge ein- oder anzubauen.
Die spezielle Frage zum Thema Dachfenster könnte mir aber nur ein Spezialist beantworten, aber wann der mal wieder vorbeischaut, das steht in den Sternen.
Also trotte ich etwas betöppelt vom Hof und beschloss mein Anliegen bei der amtlich anerkannte Überwachungsorganisation schriftlich einzureichen.
Es konnte ja durchaus sein, dass die dort vor Ort einen Spezialisten sitzen hatten?

So eine Anfrage zu stellen ist ja kein großes Ding - also nicht, wenn man es quasi beruflich macht, so wie ich.
Ich bin ja schließlich in einer technischen Dokumentationsabteilung tätig.
Nein, ein großes Ding war es nicht diese sechsseitige Anfrage zu erstellen - nur etwas zeitaufwendig, natürlich!

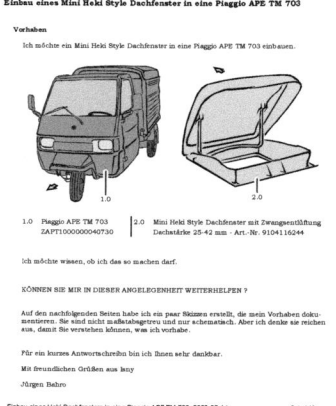

Einbau eines Mini Heki Style Dachfenster in eine Piaggio APE TM 703

Vorhaben

Ich möchte ein Mini Heki Style Dachfenster in eine Piaggio APE TM 703 einbauen.

| 1.0 | Piaggio APE TM 703 ZAPT1000000040730 | 2.0 | Mini Heki Style Dachfenster mit Zwangsentlüftung Dachstärke 25-42 mm · Art.-Nr. 9104116244 |

Ich möchte wissen, ob ich das so machen darf.

KÖNNEN SIE MIR IN DIESER ANGELEGENHEIT WEITERHELFEN ?

Auf den nachfolgenden Seiten habe ich ein paar Skizzen erstellt, die mein Vorhaben dokumentieren. Sie sind nicht maßstabgetreu und nur schematisch. Aber ich denke sie reichen aus, damit Sie verstehen können, was ich vorhabe.

Für ein kurzes Antwortschreiben bin ich Ihnen sehr dankbar.

Mit freundlichen Grüßen aus Isny

Jürgen Bahro

Einbau eines Heki Dachfensters in eine Piaggio APE TM 703_2023-02-14   Seite 1 / 6

48

Zeitaufwendig auch deshalb, weil einige Zeichnungen zu machen waren - denn ein Bild sagt ja bekanntlich mehr als tausend Worte. Und erst recht, wenn es so ein schönes Bild von mir ist!

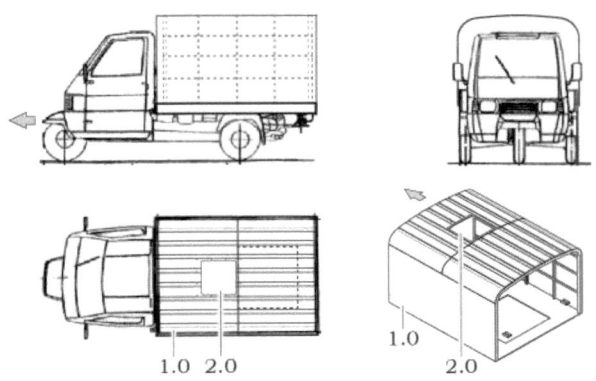

Also zeichnete ich stundenlang, schrieb den nötigen Text dazu und erstellte so eine richtig gute Anfrage an die amtlich anerkannte Überwachungsorganisation.
Und weil ich gerade dabei war, dachte ich mir, dass ich diese Anfrage ja gleich auch noch an den Hersteller des Dachfensters und an den italienischen Fahrzeughersteller der Ape - nämlich Piaggio mit Sitz in Pontedera/Italien stellen könnte.
Einer dieser drei Koryphäen könnte mir doch sicher meine einfache Frage beantworten können:
Ich möchte wissen, ob ich das so machen darf.

Nein, ganz so einfach könnte es dann doch nicht sein, also zumindest bei den Italienern nicht.
Deshalb nahm ich den Google-Übersetzer zur Hilfe

und übersetzte die komplette sechsseitige Anfrage
ins Italienische.
Ich war mir sicher, dass die Übersetzung so gut gelungen war, dass sie durch die Veranschaulichung
meiner schönen Bilder auch ein Italiener verstand.
Ohnehin kontrollierte ich sie noch einmal höchst-
persönlich, denn man kannte ja schließlich ein
paar italienische Wörter, wie z.b. Piaggio, Pizza,
Pasta oder Prosecco.

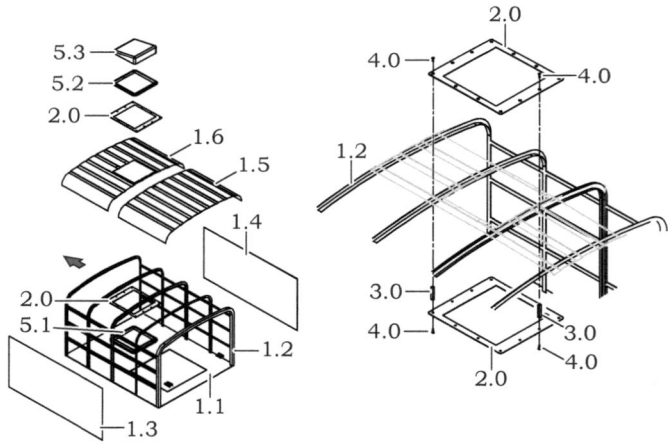

Dann wurde das pdf-Paket geschnürt und an alle
drei Ansprechpartner per E-Mail versandt.
Ich war wirklich überrascht, dass die Italiener als
erste auf meine Anfrage reagierten. Noch mehr
überrascht war ich, dass sie das in einem lupenrei-
nen Deutsch taten. Sie freuten sich darüber, dass
ich eine Piaggio Ape erworben hatte - damit sei ich
ja Kunde bei ihnen. Diese Tatsache brachte mir
eine Kundennummer beim Originalhersteller in Italien ein. Wow, jetzt gehörte ich offiziell zur großen
Piaggio Familie - molto bene! (sehr gut!).

Das fand ich echt cool.

Weniger cool war dann die Antwort auf meine Frage: „Leider müssen wir Ihnen mitteilen, dass wir dieses Modell bereits 2016 aus unserem Sortiment genommen haben. Zudem haben wir noch nie selbst ein Dachfenster in eine Ape eingebaut und werden das jetzt auch nicht mehr tun. Deshalb haben wir leider keine Gelegenheit die Sicherheit eines Dachfensters zu prüfen und können Ihnen kein Zertifikat über den Einbau geben."

Ganz, ganz toll! Dieses Modell gab es in den verschiedensten Ausführungen - mal mit Pritsche und mal mit Kasten. Die ganze Stabilität des Fahrzeugs war durch die Rahmenkonstruktion gegeben. Man konnte bis zu einem Gesamtgewicht von 1,25 Tonnen mit dem Gerät herumfahren. Das Blech des Kastenaufbaus diente lediglich dazu, dass es im Inneren trocken blieb. Das hatte keinerlei Einfluss auf die Stabilität des Fahrzeugs. Und da waren sie sich nicht sicher, ob man ein Dachfenster mit keinen vier Kilogramm Gewicht einbauen durfte.

Ganz, ganz toll - aber ich hatte ja jetzt eine Kundennummer und wenn ich weitere Fragen hätte, dann könnte ich mich damit ja mal wieder melden. Na ja: „Mille grazie" (Vielen Dank).

Vom Hersteller des Dachfensters kam keine Antwort zurück. Man musste sich ja nicht unbedingt um seine Kunden kümmern. Aber vielleicht lag es auch daran, dass ich dort noch keine Kundennummer hinterlegt hatte - wer weiß das schon?

Von der amtlich anerkannten Überwachungsorganisation kam folgendes zurück: „Wir haben Ihre Anfrage an unsere Fachabteilung weitergeleitet. Die werden sich mit Ihnen in Verbindung setzen." Das ist nun fast ein Jahr her - ich warte nicht mehr auf ihre Antwort - mein Interesse ist wegen deren Desinteresse verstorben.

Homologation

Auf Seite 5 steht: „Darüber hinaus gibt es viel Neues, was bisher noch keinen Platz in meinem Leben
hatte."
Das Neue das von jetzt ab sehr viel Platz in meinem
Leben einnahm, war das Wort „Homologation".
Für mich war also klar, dass in den Kastenaufbau
der Ape eine Dachluke eingebaut werden musste,
damit ich nicht im Dunkeln darin umherirrte.
So ganz ins Blaue mochte ich das Fenster aber
dennoch nicht einbauen. Also machte ich mich auf,
um im Internet eine Antwort auf meine Frage zu bekommen. Denn alle Einrichtungen an die ich mich
gewandt hatte, hatten erbärmlich versagt.

Unter anderem fand ich dazu den folgenden Bericht
im Internet: Eine Dachhaube muss man übrigens
nicht vom TÜV abnehmen und auch nicht in die
Fahrzeugpapiere eintragen lassen. Man braucht
auch keine allgemeine Betriebserlaubnis als Doku-
ment. Voraussetzung ist aber, dass die Dachhaube
ein ECE-Prüfzeichen hat. Dieses Zeichen muss auf
dem Fenster oder Rahmen aufgedruckt sein. Es
beginnt mit einem E1 in einem Kreis.
1 steht für Deutschland. Das ECE-Prüfzeichen,
auch als E-Kennzeichen bekannt, ist eine Kenn-
zeichnung von genehmigungspflichtigen Bauteilen
an Kraftfahrzeugen. Für ein Bauteil mit so einer
Nummer wurde eine ECE-Bauartgenehmigung
erteilt.
Bei meiner weiteren Recherche stieß ich dann auch
noch auf den Begriff Homologation. Einen Begriff,
den ich geradezu täglich benutze, wissend, dass er
von dem altgriechischen Wort ὁμολογίαhomología
abstammte und auf gut deutsch Übereinstimmung
bedeutete.

Der Begriff wird in verschiedenen Kontexten verwendet: im Allgemeinen bezieht er sich auf den Prozess der Zertifizierung oder Genehmigung von Produkten, die bestimmte Standards erfüllen müssen, um verkauft werden zu können.

Im Automobilbereich bezieht sich Homologation auf den Prozess der Zulassung von Kraftfahrzeugen und -teilen, die bestimmte Sicherheits- und Umweltstandards erfüllen müssen.

So wurde in den neuen Zulassungsvorschriften für Fenster und Dachluken der Tatsache Rechnung getragen, dass die heutigen Wohnmobile schneller fahren wie die, die als Grundlage für die alten Homologation-Bestimmungen dienten. Das heißt, dass ein Caravan nach den neuen Bestimmungen nur noch so schnell fahren darf, wie die zulässige Höchstgeschwindigkeit seiner Dachluke.

Aufgrund des mir so angeeigneten Wissensstands hatte ich keine Bedenken mehr, die von mir gekaufte Dachluke in die Ape einzubauen:

Erstens war es eine Dachluke von einem führenden, wenn nicht von dem führenden Hersteller von Dachluken überhaupt. Des Weiteren sind diese Dachluken EU zertifiziert.

Zweitens lag diese Dachluke im Verbrauchertest auf Platz 2.

Und drittens war diese Dachluke für eine zulässige Höchstgeschwindigkeit von 160 km/h zugelassen.

An dieser Stelle kann ich schon einmal verraten, dass ich bei weiten Fahrten mit der Ape, trotz ihrer Höchstgeschwindigkeit von 65 km/h auf eine durchschnittliche Reisegeschwindigkeit von 30 km/h komme - also ganz weit weg von 160 km/h.

Einbau der Dachluke

Beziehungen sind manchmal auch etwas Schönes.
Also, ich meine jetzt nicht diese Partnerschafts-
beziehungen - obwohl die manchmal ja auch was
schönes sind. Nein ich meine diese Beziehungen,
die unter dem Begriff „Vitamin B" bekannt sind.
Obwohl in dem hier geschilderten Fall handelte
es sich nicht unbedingt um solche. Es war eher
so, dass ich durch meine jahrelange Tätigkeit im
Bereich Maschinenbau Kontakte geknüpft hatte.
Kontakte, von denen der eine oder andere mir beim
Ausbau der Ape behilflich sein konnte.
In erster Linie ging es darum, dass ein 40 x 40
Zentimeter großer Ausschnitt in das Dach des
Kastenaufbaus der Ape geschnitten werden mus-
ste. Danach brauchte ich einen Rahmen in den die
Dachluke eingebaut werden konnte. Ich beschloss
dafür einen Blechrahmen zu verwenden, der auf
das Dach der Ape befestigt werden konnte. Eine
Blechverarbeitungsfirma, mit welcher wir schon seit
Jahren zusammenarbeiteten war bereit mir einen
solchen Rahmen auszulasern.

Ein Schweißer aus
meiner Firma, in der
ich schon einige Jahre
arbeitete, verstärkte mir
das Laserteil an manchen
Stellen, indem er Flachei-
sen darauf schweißte.

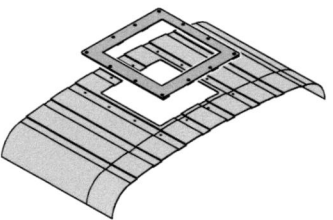

So bekam ich einen passgenauen Blechrahmen für
den Einbau der Dachluke. Danach wurde der Rahmen grundiert und im Ape-Rot lackiert.
Jedem, dem ich erzählte, wofür ich diesen Rahmen
brauchte, zauberte ich ein Lächeln ins Gesicht und
entlockte ihm die Bemerkung: "Verrückt!"

Verrückt danach mir zu helfen war auch mein Freund Berthold. Es machte ihm genauso viel Spaß an Dingen rumzuschrauben wie mir. Außerdem stellte er mir einen Platz in seinem Carport für die Umbauarbeiten zur Verfügung.

Berthold ist übrigens ein alter Bekannter für diejenigen, die mein Buch „furchtbar sensationell" gelesen haben.

Bevor ich ihm genauer erklären konnte, wie der Ausschnitt im Kastenaufbau der Ape auszusehen hatte, saß er auch schon mit seiner Bohrmaschine und einer Stichsäge auf dem Dach derselben.

Eigentlich war ich nicht überrascht, wie schnell er da hochkam. Denn auch da in den italienischen Dolomiten war er geschickter als ich, obwohl nur fünf Jahre jünger.

Noch vor der ersten Bohrung konnte ich seinen Enthusiasmus stoppen, denn schließlich ging es darum die genaue Position der Dachluke zu definieren und anzuzeichnen. Als dies geschehen war, war er nicht mehr zu bremsen, bohrte und sägte, sodass das Dach der Ape ins Schwingen kam.

Ich konnte ihm den Spaß bei der Arbeit förmlich ansehen. Insgeheim dachte ich bei mir: „Gott sei Dank gibt es noch so junge, die besser Dinge besteigen können als ich!" Denn schließlich musste er da oben irgendwann wieder runterkommen. Auch so eine gymnastische Übung, die nicht mehr meinen sportlichen Ritualen entsprach.

Um dieses zweideutige Kapitel hier vorzeitig abzubrechen, bliebe nur noch zu sagen, dass wir einen ganzen Samstag lang brauchten, um die Dachluke einzubauen. Die anschließende Wasserprobe mit dem Gartenschlauch ergab, dass sie dicht war.

Da konnte man schon mal ein Bier aufmachen ...

Die Ape schaffte mir Arbeit an

... von netten Menschen, vom Verliebtsein in kleine
oder größere Details, von Freude, Lachen und
Spaß haben ...

Ja, einen ganzen Samstag hatte uns der Einbau der
Dachluke gekostet - Freizeit futsch!
Nein, so war das nicht.

Schon im Vorfeld hatte ich meinen Spaß.
Auch wenn das „auf allen vieren kriechen" nicht
so wirklich spaßig war, gehörte es doch dazu. Die
Herausforderung in diese Blechdose eine Dachluke
einzubauen war cool. Im Inneren an den Verstrebungen vorbeizukommen. Das Glück, dass zwischen ihnen 42 Zentimeter Platz war, geradeso viel,
damit es gelang die Dachluke dazwischen einzubauen. Das Glück, dass die Verstrebungen gerade
so hoch waren, dass die Einbauhöhe der Dachluke
dazu genau passte.
Der Entwurf des Laserrahmens aus Stahl und des
Gegenrahmens aus Holz. Die Abstandshalter für die
Schrauben und die Dachluke an sich - das Verliebtsein in kleine oder größere Details.
Das Lachen und der Spaß beim Einbau der Kom-
ponenten, zusammen mit einem Freund. Und die
Freude darüber, dass die Dachluke genauso funktionierte, wie sie funktionieren sollte.
Genau dafür hatte ich die Ape gekauft.

Der Frust und der Hass der ersten 51 Seiten dieses
Buches begannen in den Hintergrund zu rücken.
Von mir aus konnte die Scheißerei derer, die mir
das eingebrockt hatten, aufhören.
Der Spaß kehrte zurück - es war von nun egal, wie-
viel Arbeit die Ape mir noch anschaffen würde.

Und ja, sie würde mir noch sehr viel Arbeit anschaffen. Aber wie soll ich es ausdrücken:
Der Einbau der Dachluke brachte Licht ins Dunkel.
Im übertragenen Sinne erhellte dieses Licht auch
meine trübe Stimmung.

Das sah schon cool aus, das Ding mit dem Dachfenster. Als nächstes überlegte ich mir, was denn
alles so in die Ape musste, damit ich für die
Deutschlandumrundung gewappnet war.

Im Wesentlichen waren das:

      Abstellraum bzw. Keller

      Bad, Toilette

      Küche

      Schlafzimmer

      Terrasse

      Dachboden

Kein großes Ding also, denn schließlich standen
mir ja satte 2,55 Kubikmeter Stauraum zur Verfügung.

Abstellraum und Keller

In jedem Haushalt ist ein Abstellraum oder ein Keller vorteilhaft. Denn dort sind in größeren Men-gen
zur späteren Verwendung vorbereitete Mittel oder
Waren aufbewahrt. In meinem Fall waren
das je ein Ersatzkanister mit Öl
bzw. Benzin für das
Gemisch.

Eine
Flasche Mo-
toröl konnte auch nicht
schaden. Wer wusste schon, in
welcher abgelegenen Gegend man einmal
zum Stehen kam? Wegen des Geruchs konnte ich
diese Behälter nicht im Innenraum der Ape la-
gern. Zudem brauchte ich noch Auffahrkeile, für
den Fall, dass die Ape einmal schräg auf einem
Campingplatz zu stehen kam. Bei einem dreirädrigen Kraftfahrzeug genügten allerdings zwei Keile
um einen waagerechten Stand zu garantieren. Als
Kellerraum diente mir eine geräumige Aluminium-
kiste, die außerhalb der Ape angebracht werden
musste. Im Augenblick war noch nicht klar, an
welchem Platz das sein könnte und wie die Kiste zu
befestigen war.

Bad und Toilette

Es war mir klar, dass ich keine Badewanne in der Ape unterbringen konnte. Sie würde tatsächlich zu viel Platz einnehmen. Eine Dusche war eher auch schlecht, weil die 1,05 Meter lichte Höhe nicht zum Stehen ausreichten. Selbst zum aufrechten Sitzen reichte der Raum nicht aus, sodass ebenfalls keine Kloschüssel zur Diskussion stand. Auch schon deshalb nicht, weil der Geruch ganz schnell die 2,55 Kubikmeter ausfüllen würde. Vielleicht würden Bad und Toilette eher etwas für den Außenbereich sein.
Vielleicht ein Vorzelt? Am Ende entschied ich mich für ein Umkleide-Wurf-Zelt, welches zweckentfremdet auch als Toilette genügen musste.

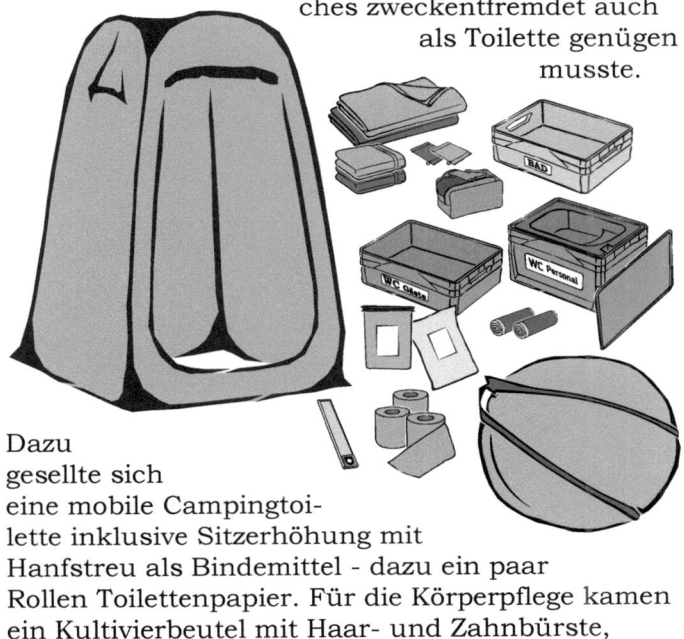

Dazu gesellte sich eine mobile Campingtoilette inklusive Sitzerhöhung mit Hanfstreu als Bindemittel - dazu ein paar Rollen Toilettenpapier. Für die Körperpflege kamen ein Kultivierbeutel mit Haar- und Zahnbürste, Duschbad, Shampoo, Bade- und Handtücher, sowie Waschlappen für zwei dazu. Und ne kleine Lampe!

59

Küche

Es soll Menschen geben, die auf die Frage: „Was gehört in eine Küche?" antworten: „Kaffee und Zigaretten!" Ich nehme mal an, dass die davon ausgehen, dass die Küche schon eingerichtet ist. Meine Ape-Küche war noch nicht eingerichtet. Also wurde sie mit so lächerlichen Dingen wie zwei kleinen Klapptischen und ebensolchen Stühlen bestückt. Dazu kam je eine Kühl-, Café- und Getränkebox. Die Geschirrspülmaschine durfte genauso wenig fehlen wie Besteck und Geschirr. Der Ordnung halber gesellte sich noch ein Besteckkasten und Geschirrtücher dazu. Ein Gaskocher nebst Gaspatronen war natürlich auch Pflicht.
Wie sollte

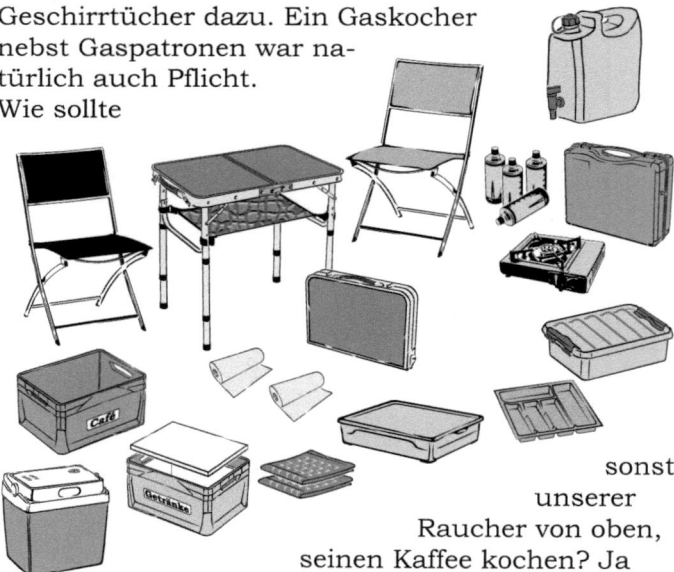

sonst
unserer
Raucher von oben,
seinen Kaffee kochen? Ja
und Wasser brauchte man bekanntlich auch zum Kaffee machen - und Feuer selbst wäre nicht schlecht. Also kamen bei der Kücheneinrichtung ein paar Kleinigkeiten zusammen, die in der Ape Platz finden sollten. Wie wär's z.B. noch mit Papierrollen?

Schlafzimmer

Wie man sich bettet, so schläft man, das weiß ja
wohl jeder. Also musste es schon eine Matratze
sein, die mindestens einen Meter breit sein sollte.
Dazu selbstverständlich einen guten Lattenrost mit Matratzenschoner.
- Wenn schon, dann
aber richtig
zuge-

schla-
gen! Die
Frage war ohnehin,
ob ein Meter ausreichend
wäre, wenn sich zwei Leute dort hin-
einlegen würden? Wie sagte doch gleich noch
ein „guter Freund": „Wenn ich mir euch beide, also
deine Freundin und dich, so anschaue, dann seid
ihr zwei ja ganz schön viel Mensch." Er versuchte
die Situation noch zu retten, indem er nachlegte,
dass sich dieser Vergleich nicht auf unser Gewicht
bezog, sondern eher auf die Körpergröße.
Denn schließlich sei in der Ape nur eine kleine
lichte Ladefläche von knapp 1,40 auf 1,78 Meter
ausgemessen worden. Ohnehin sei ihm eh nicht
klar, wie dort ein zwei Meter langer Lattenrost bzw.
eine zwei Meter lange Matratze Platz finden würde,
denn 1,78 sind ja nun mal keine 2,00 Meter!

Terrasse

Wenn die hintere obere Klappe der Ape geöffnet
war, so konnte sie ein wenig Schutz vor Regen geben. Aber auch nur dann, wenn der Regen ziemlich
senkrecht fiel. Sobald er jedoch nur ein
wenig schräg daherkam, stand
man sozusagen im Re-
gen. Das war
nicht

nett.
Außer-
dem musste man
ja, so als typisch Deutscher,
sein Territorium vor der Ape abgren-
zen.

Die Idee ein paar schwer
bewaffnete Gartenzwerge
zu kaufen, mochte mir
nicht so recht gefallen.
Anstatt dessen gab es
einen Pavillon und einen
Vorzeltteppich.
Dazu noch zwei weitere
Seitenwände, damit die
Privatsphäre wirklich
garantiert war.

62

Dachboden

Auch wenn die beiden Gartenzwerge nicht zur Grundausstattung der Einrichtung gehörten, fiel mir immer wieder etwas ein, was ich während der Fahrt gebrauchen könnte. Und wenn ich mir die Sachen ansah, die da meterlang hinter der Ape lagen, dann musste irgendwie weiterer Stauraum gefunden werden. Ein Dachboden wäre da schon hilfreich, denn schließlich hieß es ja: „Wenn man keinen Platz hat, dann soll man nach oben bauen." Das konnte man sicherlich mit Häusern oder Hochhäusern machen, aber nicht mit der Ape. Die gemessene lichte Höhe von 1,05 Metern ließ keinen weiteren Spielraum zu. Also musste ich

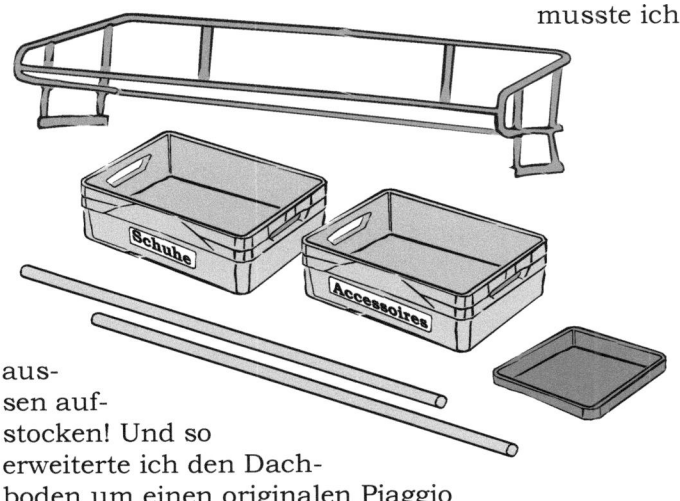

aussen aufstocken! Und so erweiterte ich den Dachboden um einen originalen Piaggio Dachgepäckträger.
Der ursprüngliche Dachboden bestand im Übrigen aus zwei Besenstielen, die ich quer im Kasteninneren montieren wollte, damit dort noch ein paar Euroboxen draufgestellt werden konnten.

Hoffnungslos

Ja, solche Fahrzeuge, die eine eingebaute Küche, Betten usw. hatten, waren schlichtweg als Wohnmobile bekannt. Wohnmobile: Also irgendetwas worin man wohnen konnte. Und selbst wenn man auf kleinsten Raum wohnte, benötigte man ganz, ganz viele Dinge, die einem das tägliche Leben erleichtern konnten. Nur mal kurz an eine Toilette gedacht - sie alleine konnte einen schon ganz schön erleichtern.

„Das ist hoffnungslos, den ganzen Mist in der Ape unterzubringen!" Ich konnte ja nicht alles einfach so in den Kastenaufbau schmeißen - da würde ich doch überhaupt nichts mehr finden.

„Und! - Ladung musste gesichert sein!"

Wie also konnte ich das alles in die Ape bekommen - sinnvoll in die Ape bekommen?

„Sinnvoll?", konnte man überhaupt von sinnvoll in dem Zusammenhang sprechen, in dem eine Ape zu enem Wohnmobil ausgebaut werden sollte.

„War dieses Vorhaben überhaupt sinnvoll?"

Ich denke der eine oder andere wird jetzt sagen:

„Nee - so was braucht man nicht!"

Aber der andere oder der eine wird vielleicht jetzt sagen: „Ja, wie geil ist das denn?"

Bis es jedoch geil werden konnte blieb noch viel zu tun. Ich hatte die Ape im Oktober 2022 gekauft. Es sollte fast acht Monate dauern, bis ich sie soweit hatte, dass das ganze Zeug in ihr Platz fand.

Ich war froh, dass ich Konstrukteur im Maschinenbau war, denn jetzt konnte ich mein Wissen Millimeter für Millimeter in die Einrichtung der Ape einbringen.

Außerdem kam mir zugute, dass ich mich mit einem dreidimensionalen Zeichenprogramm auskannte. Aber davon berichte ich später ...

Donnerstag, 18. Mai 2023

Die erste große Ausfahrt war für die Tage um den Vatertag geplant. Es sollte eine Bodenseeumrundung werden.

Isny	Fischbach	72 km
Fischbach	Konstanz	22 km
Konstanz	Bregenz	70 km
Bregenz	Isny	46 km

Spannend war, ob die Ape die insgesamt 210 km durchhalten würde.

Ich hatte tatsächlich alle Sachen, die noch auf den Seiten 58 bis 63 hinter der Ape lagen in derselben untergebracht. Damit war es aber noch längs nicht getan. Für die Reise mussten wir etwas Proviant mitnehmen, wollten wir nicht alles unterwegs dazu-kaufen. Das Beladen der für den Proviant vorge-sehenen Euroboxen und der Kühlbox kam einem keinen Umzug gleich. Eurobox rein, Eurobox raus ... wo war doch noch gleich der Kaffee drin?
Und die Klamotten? Was wollen wir alles mitneh-men? „Nein, du brauchst kein eigenes Handtuch einpacken - Handtücher sind in der Badezimmer-Box!" Das Ganze artete in sehr, sehr viel Arbeit aus.

Es war so, wie schon der Liebe Gott sagte: vor dem Vergnügen wird der Schweiß gesetzt - so ein Scheiß ... das mit dem Schweiß. Von wegen Freiheit und Abenteuer. Fluchen und Arbeiten, bis die Karre endlich voll war!

Schüchtern wie ich nun einmal war, überlegte ich mir sehr gut wie ich von Isny nach Fischbach kam ohne groß auf Bundesstraßen zu fahren oder gar auf Autobahnen. Ich wollte es unbedingt vermeiden den fließenden Verkehr aufzuhalten. Elke wurde als Copilot eingesetzt, der ständig auf dem Handy rumdrückte, um die von uns gewünschten schmalen Straßen zu finden.

„Schatz, ich bin eine Copilotin...!"

„Ist schon recht, Schatz und du bist auch Disjokkey. Würdest du mal nach guter Musik suchen?"

Nein, so war sie nicht, ihr war es ziemlich breit wie lang, dass sie keine Copilotin und auch keine Disjockey-in war. Sie wusste, dass sie eine Frau war und das wusste sie ganz genau.

Und ich, ich wusste es auch, auch ohne irgendwelche "in"s am Schluss des Wortes.

Und so suchte sie nach schönen Straßen und ebensolcher Musik für uns, während die Ape so langsam vor sich hinzockelte.

Vor unserer Reise fuhr ich noch schnell an unserer Mülldeponie vorbei um auf der Waage das Gesamtgewicht der Ape samt Zuladung herauszubekommen. Zusammen mit uns beiden Passagieren wog sie nun 620 Kilogramm. Das war so ziemlich genau die Hälfte von ihrem zulässigen Gesamtgewicht. Theoretisch konnte ich mir noch viel mehr Dinge einfallen lassen, um sie weiter zu beladen. Das wollte ich natürlich nicht, denn ich dachte immer, ach guck mal an die fleißige Biene, jetzt muss sie über 600 Kilogramm fortbewegen. Das reichte völlig aus, man musste es ja nicht übertreiben.

Außerdem hatte sie mit diesem Gewicht jetzt schon ziemlich zu kämpfen, wenn es einen Berg hinauf ging. Und Berge hatten wir hier reichlich im Allgäu, was dazu führte, dass unsere zulässige Höchstgeschwindigkeit von 65 Stundenkilometern ganz schnell mal auf 5 bis 10 Kilometer in der Stunde zusammenschrumpfte.

Doch nicht nur Berge, sondern auch landschaftlich ganz schön Ecke gab es hier. Und wir fanden Zeit, sehr viel Zeit um uns diese Landschaft anzusehen und sie zu genießen. Elke navigierte uns auf schmalen Straßen Richtung Fischbach. Wir kamen durch Dörfer und Ortschaften in denen ich zuvor noch nie gewesen war. Dadurch gewann unsere Fahrt noch mehr an Gemütlichkeit und siehe da ... an Freiheit! Nur einmal, in der Nähe von Eriskirch mussten wir auf die Bundesstraße 31 Richtung Friedrichshafen. Zu unserem Erstaunen waren wir nicht die ersten im Stau. Da diese Straße sehr befahren war kam es dort immer wieder zu Stokkungen, die wir nicht verursachten. Nach knapp zweieinhalb Stunden Fahrt erreichten wir unser erstes Etappenziel: Fischbach am Bodensee. Nach all der Schönheit und Gemütlichkeit war es für uns dennoch eine Wohltat aus der Ape aussteigen zu können, um unsere Beine einmal ganz, ganz lang auszustrecken.

Rein rechnerisch brachten wir es mit unserer Ape auf eine durchschnittliche Reise-Geschwindigkeit von 30 Kilometern in der Stunde - ohne allerdings irgendwie gerast zu sein, auch dann nicht, wenn sich die Möglichkeit einmal dazu ergab.

Bevor wir dann auf den Campingplatz in Fischbach einbogen, passierten wir ein paar hundert Meter vorher, auf der gegenüberliegenden Straßenseite, die Motorcycles Rockhouse Bar. Das schien so eine schnucklige, feine Rockerkneipe zu sein, die uns sofort ins Auge stach. Und nicht nur das: wir fühlten uns von ihr geradezu angezogen, nicht zuletzt deshalb, weil wir ziemlich nach Schweiß und auch etwas nach Benzin rochen, denn die Klimaanlage der Ape wurde den heißen Temperaturen im Mai nicht gerecht.

Und außerdem - „ hömma * " - hatten wir satte 11 PS und 211 Kubikmeter unterm Arsch. Da durfte es schon mal 'ne Rockerkneipe sein!

(„ hömma * " = Begriff aus meiner ursprünglichen Heimat bzw. aus der Ruhrgebietssprache, was so viel wie „hör mal" bedeutet).

Aber zunächst galt es auf dem Campingplatz einzuchecken. Wir hatten genau den Tag erwischt, an dem die Hauptsaison begann. Außerdem hatten auch noch andere Menschen die Idee sich um den Vatertag am Bodensee herumzutreiben. Dementsprechend war der Platz schon belegt. Man wollte uns wieder wegschicken, doch aufgrund der Größe unseres Wohnmobils fand der Campingplatzbetreiber noch einen Stellplatz für uns: „Wir haben da einen Stellplatz der 25 Plus heißt. Der ist ein wenig breiter als die anderen Plätze - ihr könnt das Plus haben!"

Für eine Übernachtung zahlten wir je 10,00 € pro Person und 11,50 € für ein Zelt mit Auto. Immerhin kannten sie unsere Ape als Auto und nicht als Caravan an. Was aber am Preis keinen Unterschied gemacht hätte. Da wir keinen Strom brauchten, kamen nur noch zweimal 2,50 € Kurtaxe dazu. Stellplatz 25 Plus lag natürlich ganz am Ende des Campingplatzes. Und so bekamen alle, aber auch wirklich alle mit, dass wir nun hier waren. Langsam, jedoch umso lauter folgten wir dem Platzeinweiser, der mit dem Fahrrad vor uns herfuhr. Ich glaube nicht, dass wirklich alle Camper überaus erfreut über uns waren, denn schließlich hatten hier alle ein ganz anderes Modell eines Wohnmobils als wir. Einige schauten schon etwas kritisch, andere schienen Gefallen an unserem blauen Dunst zu finden, der kurzfristig mal etwas andere Luft über den Platz verteilte.

Nachdem wir unsere Lücke gefunden hatten, war das Vorzelt unter manch misstrauischem Blick ganz schnell aufgebaut. Aber egal, wie sie guckten. Ein wenig Neugierde schien bei allen mitzuschwingen, denn sie konnten sich wohl nicht vorstellen, dass wir in dem Ding schlafen würden - und schon gar nicht zu zweit.

Lange hielten wir uns jetzt nicht mehr an unserem Stellplatz auf, denn wir hatten mächtigen Hunger. Und wir schlossen uns unseren Nachbarn an, nämlich darin, dass auch wir neugierig waren. Neugierig nämlich, wie es wohl in dieser Rockerkneipe sein würde. Aber vorher gab es noch einen Happen in einem Dönerladen zu essen.

Die Begrüßung in der Motorcycles Rockhouse Bar war allerdings nicht wirklich freundlich. Der Wirt schien etwas gegen Camper zu haben: „Ich habe euch zwei schon laufen sehen. Ihr seid doch da vom Campingplatz gekommen. Wahrscheinlich seid ihr auch so Bonzen mit so einem riesigen Wohnmobil. Wir mögen hier lieber Motorradfahrer!"

Nein, als Bonze wollte ich mich nicht ansprechen lassen. Und so zeigte ich ihm ein Foto von meinem Wohnmobil. Damit gehörten wir natürlich nicht gerade zu den Motorradfahrern. Aber das wir auch nach Benzin stinken konnten, war nicht von der Hand zu weisen. Das gefiel Tritan, so hieß der Wirt, wie wir bald erfahren sollten, sehr gut. Ohne eine weitere böse Bemerkung über Bonzen war er hinter der Bar verschwunden und kehrte mit einer

Flasche Jägermeister und drei Gläsern zurück.
„Na wenn das so ist und ihr auch Benzin im Blut
habt, dann seid ihr hier herzlich willkommen!",
sprach's, schenkte drei Gläser voll ein, prostete uns
zu und kippte das Getränk auf einen Zug hinunter.
„Ich heiße Tritan." Sprach's, schenkte die drei Gläser abermals voll ein, prostete uns zu und kippte
das Getränk auf einen Zug hinunter. „Was wollt ihr
trinken?" „Cola-Weizen und eine Halbe." „Bringe
ich euch sofort." Schenkte noch einmal unsere zwei
Gläser voll und verschwand hinter der Theke. - Von
da an hatten wir es sehr lustig. - Das war genau
unser Ding: Netter Wirt, wenn er auch zuerst davon
überzeugt werden musste, dass er zu uns sehr wohl
nett sein konnte.
Tolle Musik, buntes Publikum, ein paar Rocker mit
ihren Kutten, zwei total Betrunkene, die über der
Theke hingen, ein paar ganz normale Menschen
- und zwei Ape Fahrer, die ein Gemisch aus Bier
und Jägermeister tranken. Stilecht, wie wir fanden,
denn schließlich nahm die Ape ja auch ein Gemisch.
Die Wirtschaft war ganz gut besucht, doch Tritan
hatte alles im Griff. Wir sahen jetzt auch auf der
Karte, dass es ein paar Kleinigkeiten zu essen gab.
Und so verschwand er immer wieder für kurze Zeit
in der Küche, um die Speisen zuzubereiten, kam
dazwischen wieder ins Lokal, um Getränke auszu-
schenken und fand immer wieder die Zeit sich zu
uns zu setzen. Plötzlich hatte er so richtig Gefallen
an uns gefunden. Ich revanchierte mich für den
Begrüßungsschnaps, indem ich ebenfalls eine Run-
de Jägermeister ausgab, den er so ganz nebenbei
runterkippte, um sich dann wieder der Arbeit zuzuwenden. Die Preise in diesem Lokal waren günstig.
Immer wieder kam er an unseren Tisch, um uns
darüber aufzuklären, dass er diese Preistreiberei

nicht mitmachen wollte, denn schließlich machte die Arbeit in einer günstigen, vollen Kneipe mehr Spaß, als in einem leeren, teuren Lokal. Und da er die Kneipe schon seit Jahren selbst umtrieb, blieb für ihn auch bei den vernünftigen Preisen genug hängen. Das machte ihn uns noch sympathischer und Elke fand, dass wir darauf noch einen weiteren Jägermeister nehmen sollten - und einen Cola-Weizen und ne Halbe natürlich auch noch.

Am Tresen kamen die beiden Betrunkenen wieder zu sich: „Noch ein Bier, Tritan!" - „Kommt sofort!" Draußen warfen die Rocker ihre Maschinen an und zogen weiter. Drinnen gab's immer noch gute Musik, Cola-Weizen und Bier.

Draußen wechselte das Tageslicht von hell auf dunkel und drinnen unser Zustand von hell auf dunkelblau. Der Jägermeister hatte nun fast komplett die Flasche verlassen und wir fanden, dass es Zeit zum Aufbrechen war.

Also fragten wir nach der Rechnung um zu bezahlen. Ganz genau wussten wir nicht mehr, wieviel Cola-Weizen und Bier wir getrunken hatten. Der Wirt schenkte den restlichen Jägermeister in drei Gläser und überreichte uns die Rechnung - nicht. „Gib mir zwanzig Euro, dann ist gut." Sprach's, prostete uns zu und kippte das Getränk auf einen Zug hinunter. Also zwanzig Euro erschien uns beiden viel zu wenig, auch deshalb, weil wir ebenfalls ein paar Runden Jägermeister ausgegeben hatten.

„Wenn ich zwanzig Euro sage, dann ist das so!" Da war nix mehr zu machen - er hatte es so ausgerechnet, also stimmte das auch so! Wir bedankten uns recht sakrisch und fanden es so richtig toll, dass der Campingplatz nicht sehr weit entfernt lag. Man hätte ihn auch noch schneller erreichen können, wenn man geradeaus gelaufen wäre. Aber da hatte der Herr Jägermeister wohl etwas dagegen.

Am anderen Morgen kamen wir nicht gleich aus den Federn. Man könnte sagen, dass man sich auf der Liegefläche von 1,87 Quadratmetern nicht so rasend schnell bewegen konnte, um aus der hinteren Klappe herauszukommen. Man könnte aber auch sagen, dass die Köpfe heute Morgen extrem schwer waren.

Und dennoch, „the show must go on" oder die Fahrt musste weitergehen.

Wir kamen etwas ins Rudern, da wir um 11:00 Uhr auschecken mussten. Deshalb gab es auch nur einen schnellen Kaffee vor dem Abbau des Vorzelts. Und auch die Ape hatte heute Morgen leichte Anlaufschwierigkeiten. Immer wenn sie etwas länger stand, brauchte sie eine Weile um in Schwung zu kommen. Um in Schwung zu kommen hieß aber zugleich, dass ich „etwas mehr Gas ranlassen" musste, damit der Motor aufheulen konnte.

Hatten wir auf der Fahrt hierher eine durchschnittliche Reisegeschwindigkeit von 30 km pro Stunde, so hatte ich gerade jetzt, in der Einfahrt zur 30er Zone 43 km/h auf dem Tacho. Schließlich musste ich die Ape ja in Schwung bekommen. Das gefiel einer Kamera, die am Straßenrand postiert war nicht wirklich - sie blitzte uns einfach an!

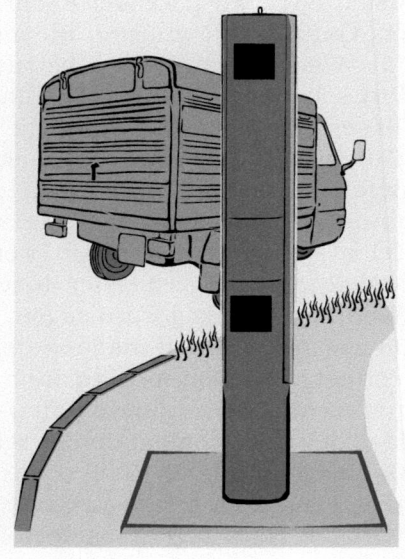

Und dieser Blitz tat zweimal weh: Zum ersten in unseren Augen, weil die noch nicht so richtig sehtüchtig waren und zum zweiten im Geldbeutel, denn das könnte richtig teuer werden!
Und ärgerlich, ärgerlich war das vielleicht - da fährst du stundenlang mit 30 durch die Gegend und hier, direkt nach der Ausfahrt aus dem Campingplatz fährst du einmal, ja genau einmal 43 und schon kommst du aufs Foto. Das war ja mal ein sehr gelungener Freitagmorgen Auftakt.
Gelungen auch deshalb, weil Elke dann noch so ganz nebenbei fragte: „Warum fährst du eigentlich in diese Richtung? Meersburg liegt da hinter uns."
Sie zeigt mit dem Daumen über ihre Schulter hinweg nach hinten.
„Ja warum wohl? Du hast doch rechts gesagt!"
„Sagte ich das?" - „Ja." „Na gut, ich meinte das andere rechts!"
Ich überlegte kurz, ob „rechts" in der Jägermeistersprache vielleicht ein anderes war als im normalen Sprachgebrauch.
Bei der nächsten Möglichkeit wendete ich. Das gab uns kurz Gelegenheit an der Motorcycles Rockhouse Bar zum Abschied nach rechts zu winken. Dieses Mal war es das richtige rechts, obwohl es nichts nützte, denn die Bar war um diese Zeit noch geschlossen. Ein paar Meter weiter konnte wir zum Abschied nach links winken. Da stand nämlich dieses blöde Blitzgerät, welches uns den Morgen verdarb. Und so wurde natürlich nicht gewunken: „Du blöde Blechbüchse, du!"
Unser nächstes Etappenziel war Konstanz. Um dorthin zu kommen mussten wir zunächst nach Meersburg, um dann mit der Fähre nach Konstanz überzusetzen. Unsere Ape auf 'ner Fähre, was für ein cooler Gedanke! Bis Meersburg waren es etwas mehr als 20 Kilometer - also eher eine kleine Tour.

Dreidimensionales Zeichnen

So, da lag also all das Zeug hinter der Ape auf dem Boden. Nun galt es eine Lösung zu finden, damit das alles geordnet in der Ape seinen Platz fand. Und so war ich ja schon stundenlang in der Ape herumgeklettert, um sie auszumessen.

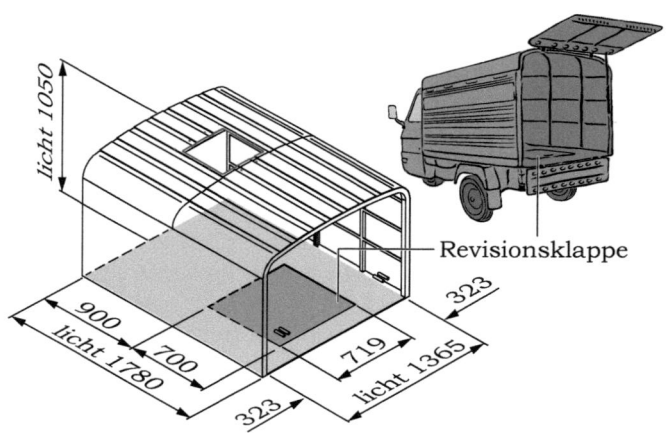

Revisionsklappe

Erschwerend kam hinzu, dass sich im Boden des Kastenaufsatzes die Revisionsklappe befand. Die war nötig, um bei Reparaturen an den Zweitaktmotor zu kommen, der sich darunter befand. Außerdem wurde der luftgekühlte Motor während der Fahrt sehr heiß. Diese Hitze übertrug sich auf das Blech der Klappe, sodass es mir sinnvoll erschien, diese Klappe weder zuzubauen, noch etwas während der Fahrt auf sie zu stellen. Eine geheizte Matratze konnte sicherlich ganz schön sein, aber in diesem Falle eher ein Risiko darstellen, wollte man die Ape nicht abfackeln. Ich würde wohl im Bedarfsfall meine Freundin heiß machen müssen, wollte ich nachts nicht frieren.

Den Gedanken ein kleines Podest zu bauen, auf welches ich die Matratze legen konnte, verwarf ich relativ schnell. Ein solches Gestell würde mir zu viel von der ohnehin schon geringen lichten Höhe wegnehmen, sodass ich kaum noch Platz finden würde, um mich im Schlaf zu drehen.

Ebenso wurde der Gedanke auf beiden Seiten des Kastenaufbaus Regale zu bauen fallengelassen. Die wiederum würden mir zu viel Platz in der Breite wegnehmen, sodass nur noch eine geringe Matratzenbreite übrigbliebe, auf der es nicht möglich sein würde, dort zu zweit zu schlafen.

Das war also eine ganz knifflige Aufgabe, die vor mir lag. Klar war mir eigentlich von vornherein, dass ich mit 400x300x220 mm großen Euroboxen arbeiten würde. Sie hatten trotz ihrer kleinen Abmessungen ziemlich viel Stauraum zu bieten.

Das erste Mal Glück hatte ich auch, weil rechts und links von der Revisionsklappe 323 mm frei war. Das bedeutete, dass die Euroboxen dort Platz fanden, ohne die Klappe zu versperren. Das zweite Mal Glück hatte ich, weil mir ein dreidimensionales Zeichenprogamm zur Verfügung stand.

Und das dritte Mal Glück hatte ich, weil ich es auch noch beherrschte, um damit die Konstruktion für den Ausbau der Ape zu machen.

Ich wollte kaum glauben, was für ein Glückspilz ich zuweilen war!
Doch ich sah ziemlich viel Zeichenarbeit auf mich zukommen. Es galt nun jeden Millimeter herauszukitzeln, der zur Verfügung stand.

Nachdem ich nun durch stundenlanges in der Ape Herumkriechen die Unwegsamkeiten des Ausbaus erforscht hatte, kam ich zu dem Schluss, dass ich für den ganzen Kleinkram ein Regal brauchte.

Ich entschloss mich über die ganze Länge des Kastenaufbaus auf der rechten Seite, in Fahrtrichtung, das Regal einzubauen. Rechts deswegen, weil ich als Fahrer links saß und mir einbildete, dass das Gewicht somit gleichermaßen verteilt war.

Böse Zungen behaupteten, dass ich beruhigt ein zweites Regal auf der rechten Seite einbauen könnte, da dies mein Körpergewicht ohne weiteres zuließ. Aus Platzmangel und „aus Beleidigsein" verzichtete ich aber darauf.

Von Vorteil erwies sich die Tatsache, dass ich bereits alle Dinge, die in die Ape sollten eingekauft hatte. Dadurch konnte ich den Platzbedarf von jedem einzelnen Teil genau ermitteln.

Von Vorteil war auch, dass in der Firma meines Arbeitgebers Elektromotoren und Pumpen verbaut wurden. Diese wurden auf Paletten mit einer Einhausung aus Sperrholzplatten ausgeliefert.

Und diese Platten eigneten sich ganz hervorragend als Baustoff für meine Regale.

Regale deshalb, weil ich mir vorstellte, dass man die möglicherweise mal wieder ausbauen musste.

Und einzelne Regale ließen sich da besser handeln. Außerdem waren sie kostenlos, weil sie normalerweise ins Altholz wanderten. Und das wiederum war toll, da der Quadratmeter Sperrholzplatte fast 50,00 € kostete. Insgesamt wurden später von mir ca. 10 Quadratmeter Sperrholz verbaut. Dazu sollten noch 100 Winkelverbinder und 200 Senkkopfschrauben mit Sechskantmuttern kommen.

Aber zunächst galt es die Zeichnungen zu erstellen. Und zwar so, dass die Euroboxen und alles anderes darin Platz fanden.

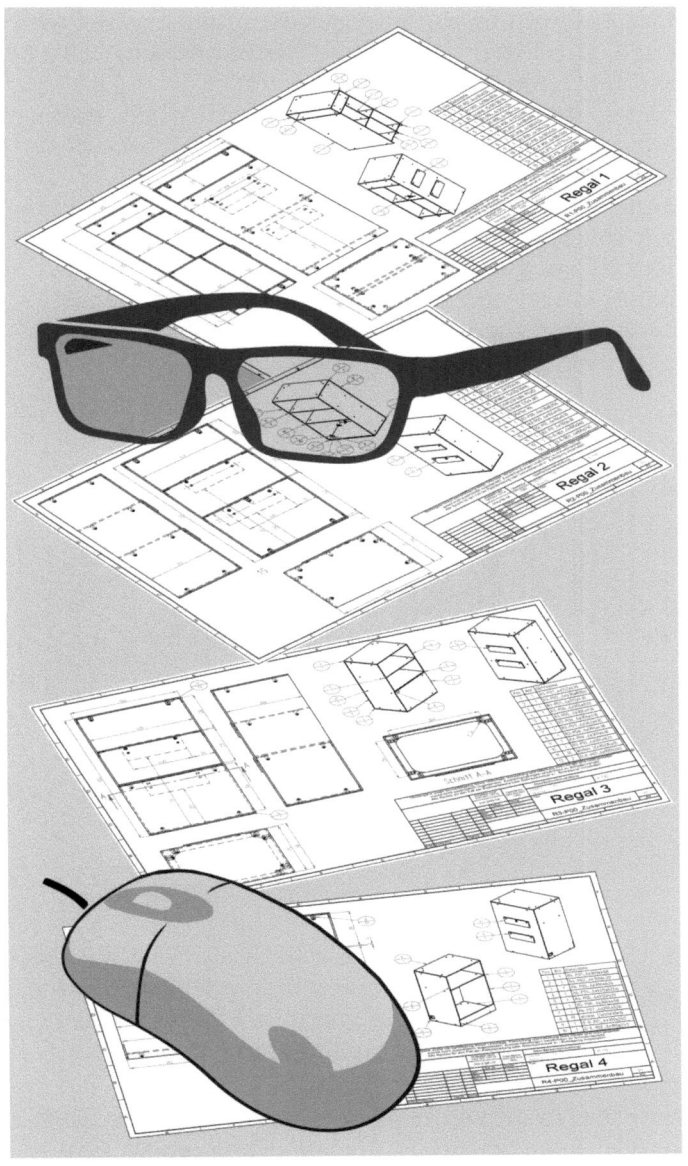

77

Jörg ein Freund von mir, der ebenfalls aus meinem Buch „furchtbar sensationell" bekannt sein sollte, half mir beim Zusägen der Platten.
Und so konnte ich, abends nach der Arbeit, damit beginnen, die Regal in meiner kleinen Küche zusammenzubauen.
Ganz blöd dabei war, dass die 100 Winkelverbinder von solch schlechter Qualität, was die Maßgenauigkeit anging waren, dass ich jedes der 200 Bohrlöcher einzel anreißen musste - da war ganz viel Geduld (nervlich) und Toleranz (technisch) gefragt.

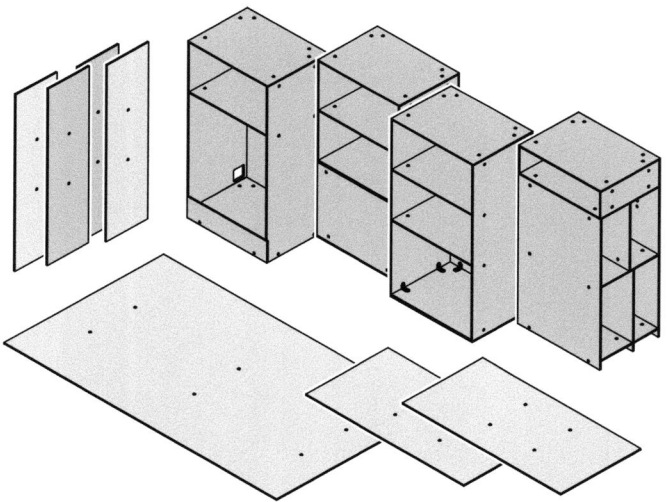

 Zu meinem Glück hatte mir jemand das zuhauf in meine Wiege gelegt. OK, ohne ein paar ganz spezielle Flüche in Richtung des Herstellers ging es nicht ab.

Aber wie so oft zahlte sich meine Geduld aus. Die Regale, die jetzt den Flur meiner kleinen Wohnung versperrten, sahen tatsächlich so wie die auf meinen Zeichnungen aus. Das war sooo geil, wenn ein Plan und seine Ausführungen klappten.

Das war übrigens auch während meiner Berufsausübung so: wenn die von mir konstruierte Maschine, so aussah wie auf meinen Plan, dann war das schon mal gelungen. Denn wer malt schon gerne einen Stier, wenn ein Esel dabei herauskommt?

Und noch mehr gelungen war es, wenn die Maschine dann auch noch so funktionierte, wie es vorgesehen war. Das war hier jetzt auch der Fall.

Alle Kisten oder sonstige Geräte passten in die dafür vorgesehenen Fächer. Ich hatte also ein System gefunden, in welches der größte Teil des gesamten Equipments geordnet aufbewahrt werden konnte.

„Cool, eh!", dachte der Esel in diesem Moment: „Wahrscheinlich bin ich doch ein Stier?"

Ob ich ein Stier oder ein Esel war, wollte ich im nächsten Kapitel dieses Buches herausfinden.

Denn schließlich sollte nach der getanen Arbeit der wohl verdiente Spaß dazukommen.

Wilde und freie Liebe

Denn ich wollte euch von Freiheit, Abenteuer, von netten Menschen, vom Verliebtsein, von Freude, Lachen und Spaß haben erzählen.
Und natürlich von der Liebe, von der wilden, freien Liebe in Gottes schöner Natur, sprich in der extra dafür rot lackierten, intimen Blechdose - sprich der Ape.
Dort ergab sich nämlich nach dem Umbau eine riesige Spielwiese von 1,05 x 1,78 Metern, also satten 1,87 Quadratmetern - und mit reichlich Luft nach oben, nämlich immerhin noch 80 Zentimetern. Das alles zusammen waren dann 1,49 Kubikmeter voller Spaß. Dieses wiederum bedeutete aber auch, dass nur noch knappe 1,06 Kubikmeter für all das andere Zeug übrigblieben. - Doch das war seit der Seite 79 Schnee von gestern.
Also zurück zur Liebe bzw. zum Sex schlechthin!
80 Zentimeter erlaubten locker, dass man (Frau und Mann) aufeinanderliegen könnte. Also man könnte, wenn nicht dieser Einspruch von Elke gekommen wäre. „Das ist ne Blechdose und die würde ja wohl bei rhythmischen Bewegungen ins Schwingen und ins Quietschen geraten." „Na und? Das tut dein Metallbett zuhause auch!" „Ja schon, aber da stehen nicht zwanzig Camper ums Bett herum und beobachten uns." Nun, der Einwand war nicht von der Hand bzw. von der Bettkante zu weisen.
Stimmt, die waren ja schon so ein eigenes Völklein, diese Camper. Aber dass die nachts nichts Besseres zu tun hätten, als einer Ape beim Wippen zuzusehen, das mochte ich nicht glauben. Denn immerhin hatten sie ganz andere Wohnmobile, die wahrscheinlich nicht quietschten? Sei's drum. Sie fühlte sich beobachtet und somit gab es keine Chance auf Sex. Aber einen Gute-Nacht-Kuss würde sie mir

noch gerne geben. Gut, dann nahm ich eben den, anstatt sie. Als auch mein zweiter schüchterner Versuch misslang, an ein weiteres Gute-Nacht-Küsschen zu kommen, wandte ich mich von ihr ab. Ich versuchte es mir auf meinen zugewiesenen 0,625 Quadratmetern gemütlich zu machen, um zu schlafen.

Aufmerksame Mathematiker würden an dieser Stelle mit dem Hinweis unterbrechen, dass 0,625 Quadratmeter nicht die Hälfte von 1,87 Quadratmeter waren. Dem bliebe nichts mehr hinzuzufügen. Außer, dass Frauen so sind - zuerst verweigern sie alles, um dann doch den größten Platz einzunehmen. In diesem Zusammenhang denke ich da ganz spontan an einen sechstürigen Kleiderschrank. Auch da verweigern sich Frauen schon mal, indem sie alle sechs Türen für sich in Anspruch nehmen und für den Mann die sex* kleinen Schubladen darunter genügen müssen (* hierbei handelt es sich nicht um einen Schreibfehler! Es ist ja so, dass das hier beschriebene Kapitel sehr viel mit Mathematik zu tun hat. In der Mathematik ist der Buchstabe "x" eine Variable, die man für andere Begriffe einsetzen kann: also auch für „chs".) Zu diesem beschriebenen Kleiderschrank gesellt sich ganz spontan das im Flur stehende Schuhregal, dessen unterstes halbe Fach für den Mann reserviert ist, während die darüberliegenden vier Fächer mit Damenschuhe belegt sind. In meiner Fantasie würden mir zu diesem Thema noch etliche Beispiele einfallen.

Aber hier soll ja kein Lobgesang auf die Frauen gesungen werden. Nein, es sollen meine Erlebnisse mit der Ape geschildert werden. Und so breche ich den hier nicht stattgefundenen Liebesakt ab, um mich wieder ernsteren Themen zuzuwenden.

Einbau der Regale

Ein ernsteres Thema könnte z.B. der Einbau der
Regale in den Aufbaukasten sein. Doch wie sollten sie in der Ape befestigt werden, damit sie dort
sicher zum Stehen kamen?
Eine Idee war die, von außen Löcher in die Blech-
wand des Aufbaukastens zu bohren und die Regale
einfach festzuschrauben. Aber dieser Gedanke tat
mir in der Seele weh. Ich wollte keine Löcher bohren, denn irgendwann würde die Ape vielleicht noch
einmal eine andere Aufgabe bekommen und dann
wären die Löcher unnötig und womöglich am Ro-
sten. Abermals war ich im Glück, denn die Ape hatte im Inneren ein Gerüst aus Blechwinkeln. In diese
Winkel konnte ich Bretter klemmen und die Regale
mit den Brettern, Sandwich mäßig, verschrauben,
sodass die Außenwand verschont blieb.

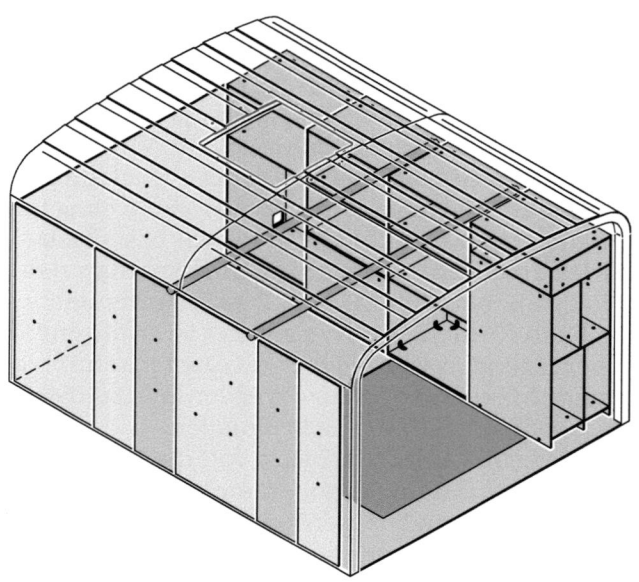

Die Vorderwand und die linke Seite des Aufbaukastens verkleidete ich mit Sperrholzplatten. Das gab der Blechkiste einen Hauch von Gemütlichkeit. Außerdem mochte ich nicht beim Schlafen mit dem blanken, kalten Blech in Berührung kommen.

Gut wäre sicherlich eine Wärmedämmung zwischen Blech und dem Sperrholz gewesen. Aber auf späteren Touren sollte sich herausstellen, dass das gar nicht nötig war. Wir hatten es in dem kleinen Kasten ziemlich kuschelig.

Nur wenn wir auf Festivals waren, hatten wir ein sehr lautes Problem. Egal wie weit wir unsere Ape von der Bühne entfernt aufgestellt hatten, reagierte sie auf eine gewisse Musikfrequenz. Dann war es im Aufbaukastens nicht mehr auszuhalten. Wir hatten das Gefühl, als ob wir in einer Trommel lagen. Dumpfe Paukenschläge und ein ohrenbetäubendes Gebrumme ließen uns nicht in den Schlaf kommen. Das war unglaublich und wir waren, gleich einem Werbespruch aus dem Fernsehen, nicht nur dabei, sondern mittendrin. Das bedeutete aber auch, dass wir auf jedem Festival die Bands bis zum Schluß morgens um zwei oder drei hören konnten - also hatte sich das Eintrittsgeld wirklich bezahlt gemacht.

Es gab dann aber auch Festivals, die nach den Liveauftritten der Bands einen Disjockey verpflichtet hatten, der uns mit seiner eintönigen Musik die ganze Nacht über unterhielt. Auf anderen Festivals war es so, dass junge Festivalbesucher ihre eigenen Musik und ihre eigene Soundanlage dabei hatten. Es kümmerte sie nicht wirklich, dass es auf dem Campingplatz so etwas wie eine Nachtruhe gab. Das eigentlich schlimmer daran aber war, dass sie einen anderer Musikgeschmack als ich hatten.

Bestücken der Regale

Es war erstaunlich, wieviel in die vier Regale passte.

Im Regal 1.0 war es die komplette Küche:

1.1	12 Liter Wasser	1.4	2 Klapptische
1.2	Spülmaschine	1.5	Besteckkasten
1.3	Gaskocher	1.6	Ablageschale

Im Regal 2.0 gab es Verpflegung und Sonstiges:

2.1	Kleinzeug	2.4	Verpflegung
2.2	Getränke - Box	2.5	Badezimmer - Box
2.3	Cafe' - Box		

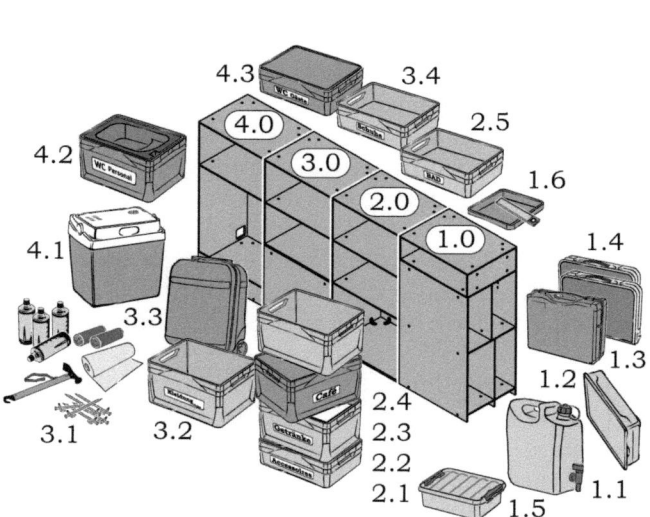

Regal 3.0 war für Kleidung vorgesehen:

3.1	Werkzeug, Vorräte	3.3	Gästekleidung
3.2	Meine Kleidung	3.4	Schuh - Box

Im Regal 4.0 das Not - WC und der Kühlschrank:

4.1 Kühlbox   4.2 WC Personal

          4.3 WC Gäste

Man kann sich vorstellen, wieviel Arbeit es war, all diese Boxen mit Inhalte zu füllen. Es fühlte sich jedes Mal wie ein kleiner Umzug an. Und hier in den Regalen handelte es sich hauptsächlich um Dinge des täglichen Lebens. Es gab ja noch so vieles mehr, was wir für einen Ausflug mit der Ape einpacken mussten.

Ich möchte mal so sagen: „Der Spaß begann eigentlich erst dann, wenn die Ape beladen, aufgetankt und mit Öl befüllt war."

Später stellte ich fest, dass es anderen Campern aber genauso erging wie uns, was den Aufwand anging ihre Fahrzeuge startklar zu machen.

Wir konnten auf den Campingplätzen beobachten, wieviel Zeug auch sie in ihren großen Wohnmobilen mit sich schleppten. Der klitzekleine Unterschied zu uns war der, dass sie meistens zu den Sachen aufrecht hinlaufen konnten, um sie aus den Boxen zu holen. Wir hingegen mussten alles im Liegen erledigen. Das fiel uns aber sehr viel leichter, seitdem wir unsere Euroboxen beschriftet hatte.

Ein weiterer Unterschied war der, dass sie meistens noch irgendwelche Begleitfahrzeuge mit sich führten. So ein kleiner Roller wäre manchmal sehr geschickt gewesen. Denn wenn wir einmal zum Einkaufen fahren wollten, musste alles an seinem Platz sein - und das Vorzelt wollten wir auch nicht so ganz alleine in der Anlage stehen lassen. Dennoch kam kein Neid bei uns gegen diese Bonzen, wie sie Tritan nannte auf, denn der Star auf den Campingplätzen waren immer wieder wir.

Stars auf den Campingplätzen

Der Weg von Fischbach nach Meersburg war, wie
gesagt, relativ kurz. Für die knapp 15 Kilometer
brauchten wir eine halbe Stunde. Es machte mir
jetzt nichts mehr aus, ganz frech auf der Bundesstraße B31 zu fahren. Zum einen hatten wir gute
Chancen nicht die ersten im Stau zu sein und zum
anderen gab es genügend andere Verkehrshindernisse in unserer Region. Ich dachte da nur an die
vielen Traktorfahrer oder viel, viel schlimmer noch,
an die Rennradfahrer, die oft meinten, dass ihnen
die Straße alleine gehört.
Meine Abgebrühtheit kam auch Elke zugute, denn
sie musste jetzt nicht als Navigator fungieren.
War man erst einmal auf der B31, dann konnte
man eigentlich nichts mehr falsch machen. Es ging
immer geradeaus. Das gab ihr Gelegenheit sich die
Landschaft anzuschauen. Natürlich waren wir in
dieser Gegend schon öfter gewesen, aber sich eine
Obstplantage bei 30 Stundenkilometer anzusehen,
war natürlich was ganz was anderes als aus dem
Auto heraus mit 100 Stundenkilometer.
Wie an diesem Wochenende erwartet, waren viele
Urlauber unterwegs und trugen dazu bei, dass wir
über weite Strecken ohne Schwierigkeit mit dem
Verkehrsfluss mithalten konnten. So ging es dahin,
an Immenstaad am Bodensee, an Hagnau und Stet-
ten vorbei, hinein nach Meersburg, wo das letzte
Stück zur Fähre hinab, mit seinen Serpentinen
stark an südliche Länder erinnerte. Wie erwartet
herrschte auch an der Fähre großer Andrang und
wir mussten uns in der dritten Reihe einordnen.
Elke fand Zeit zum Rauchen und ich ließ meine Gedanken in die Vergangenheit zurück schweifen.
Vor mehr als vierzig Jahren war ich an der Fach-
hochschule in Konstanz Student.

Oft bin ich damals zwischen meinem Heimatort und der Hochschule gependelt. Das ging so lange, bis mich meine damalige Freundin eines Tages anrief und sagte: „Wir sind schwanger, kannst dein Studium abbrechen und dich um deine Familie kümmern."

Das war natürlich ein großer Einschnitt in meinem Leben. Aber nicht nur deshalb erinnerte ich mich daran, nein ich erinnerte mich auch deshalb daran, weil ich in diesen Tagen mit einem alten Renault R4 unterwegs war. Der war damals nicht mehr ganz taufrisch und so geschah es, dass er auf der Heimfahrt von Konstanz nach Leutkirch mitten auf der Fähre den Geist aufgab. Ich weiß es noch wie heute: Der R4 sprang einfach nicht mehr an!

Da half auch das Gehupe der vielen Autos hinter mir nichts. Am Ende wurde ich von Passagieren und dem Personal vom Schiff geschoben, damit der Fährbetrieb weitergehen konnte.

Seitdem war viel Bodenseewasser den Rheinfall hinuntergefallen.

Dennoch hoffte ich, dass mir das heute mit meiner Ape nicht wieder passieren würde. Es blieb spannend, aber es gab kein Zurück für mich - also nichts wie rauf auf die Fähre!

Heute kamen wir ohne Zwischenfälle wieder von der Fähre runter und fuhren direkt den von uns ausgewählten Campingplatz Bruderhofer in Konstanz an.

Eigentlich war der Campingplatz ausgebucht, denn es fand gerade an diesem Wochenende das jährliche Campus Festival vom 19.05.-20.05.2023 im Bodenseestadion statt.

Wir hatten dennoch Glück, da dort hauptsächlich junge Leute, viele nur mit Zelten, waren.

„Irgendwo dazwischen bekommen wir schon einen Platz für euch - ihr mit eurem riesigen Wohnmobil!", meinte der Platzvermieter: "Und, ich hätte sogar noch 2 Karten für das Festival übrig - für zusammen 238,00 €."

Obwohl wir gerne auf Festivals gingen, nahmen wir die Karten dann doch nicht. Das lag wohl daran, dass wir keine der dort auftretenden Bands oder Interpreten kannten. Das war vielleicht unserem Alter geschuldet, aber wer weiß das schon?

Außerdem galten die Karten für beide Tage. Und wir hatten nicht vor, bis Sonntag hier zu bleiben, da uns ja noch mehr als der halbe Weg unserer Tour bevorstand.

Wir hatten uns vorgenommen, den Tag über etwas herumzugammeln, da der Herr Jägermeister und die Biere immer noch in unseren Knochen steckten.

Waren wir bereits in Fischbach die Stars auf dem Campingplatz, so waren wir es hier erst recht. In Fischbach vielleicht weil wir Außenseiter waren. Schon alleine wegen der Größe unseres Wohnmobils im Vergleich zu den anderen, die um uns herumstanden. Und weil es halt etwas ganz anderes war, etwas exotisches. Wahrscheinlich auch deshalb, weil es sich die anderen Camper nicht vorstellen konnten, dass wir zu zweit darin schliefen, denn schließlich waren wir beide ja „ganz viel Mensch", wie unser Freund es treffend auszudrücken pflegte.

Hier in Konstanz wohl deshalb, weil die meisten Jugendlichen unser Wohnmobil richtig cool fanden. Geradezu für Festivals gemacht. - Einfach genial! Ich denke der eine oder andere hätte gerne auch so ein Vehicle gehabt. Denn im Vergleich zum Zelten waren wir in und um die Ape herum ziemlich komfortabel ausgestattet.
Bis zu diesem Zeitpunkt hatten wir nichts vermisst. Das einzige, was noch verbesserungsfähig war, war die zu kleine Fußmatte, die im Vorzelt lag. Diese wurde aber ziemlich schnell durch einen richtigen Vorzeltteppich ersetzt.
Erstaunlich war, mit wie wenig Kleidung wir auskamen. Elke reichte ihr Minikoffer (40x30x22 cm) völlig aus. Das lag auch daran, dass wir für Schuhe und Badesachen je eine eigene Eurobox hatten.

1,78 sind nun mal keine 2,00 Meter

Nun, damit hatte unser Freund recht. Weder die
zwei Meter lange Matratze, noch der zwei Meter lange Lattenrost passten in die Ape.
Bei einem Blick zurück in die Vergangenheit, fiel
mir dazu ein ehemaliger älterer Arbeitskollege ein.
Bei einer seiner Konstruktionen passte ein genorm-
tes Vierlochflanschlager nicht an die Stelle, wo
es hin sollte. Kurzerhand ließ er eine Ecke davon
abfräsen, da seiner Meinung nach drei Schrauben genug Kraft hätten, um die Funktion noch zu
gewährleisten. Damals fand ich das cool, sich so
einfach mal über genormte Dinge hinwegzusetzen.
Heute weiß ich, dass das eher blöd war, schon alleine wegen der Ersatzteilbeschaffung. Und dennoch,
„Wat mutt dat mutt!", wie der Hamburger zu sagen
pflegt: Ich hatte eine Besuchermatratze, zwei auf einen Meter, gekauft. Deshalb blieb mir nichts anderes übrig, als davon 22 Zentimeter abzuschneiden.
Das konnte ich machen, weil nicht mit Ersatzteilen
zu rechnen war. Die Matratze war nun einmalig
und wurde so in meiner Ape und nur in dieser Ape
verwendet. Also nahm Elke sie mit in ihre Firma
und schnitt sie mit einer Bandsäge zurecht.

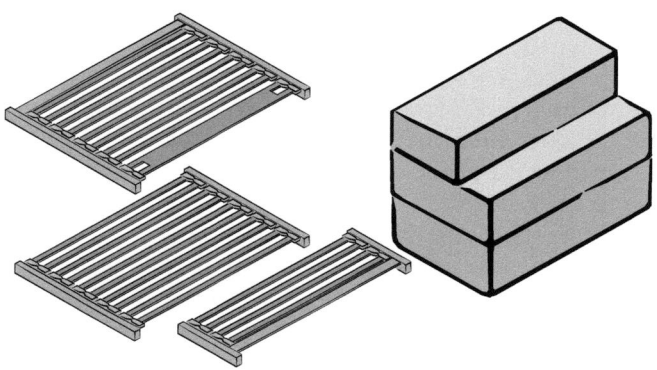

Nach wie vor konnte sie wie ein Würfel in drei
Teilen geklappt werden. Nur, dass jetzt ein Teil
davon kürzer war. Und auch der Lattenrost musste
um die zweiundzwanzig Zentimeter abgenommen
werden. Außerdem brauchte ich ihn in drei Teilen,
denn auch er musste klappbar sein. Nach dem
Auseinandersägen verband ich den Lattenrost wieder mit Scharnieren.

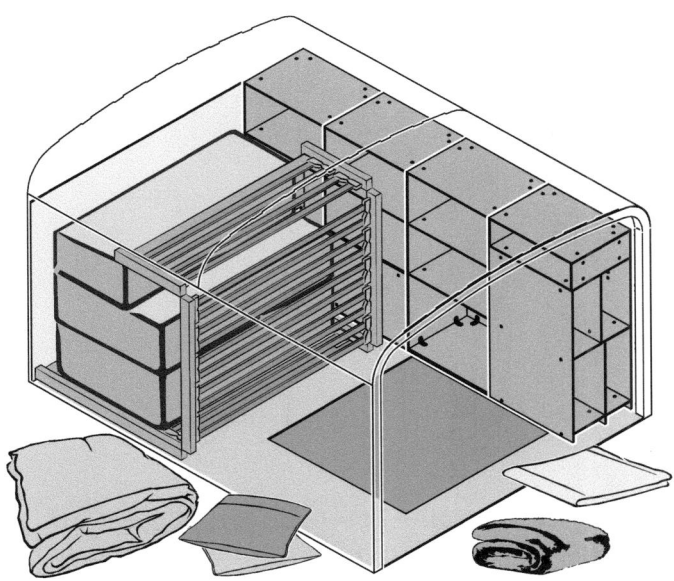

Somit blieb der Platz über der Revisionsklappe
während der Fahrt frei. - Ich wollte nichts riskieren,
was einen Brand auslösen könnte. Dann wurde der
Lattenrost in die Ape eingebaut. Natürlich bekam
die Matratze noch einen Matratzenschoner:
„Wat mutt dat mutt!" Und auch das Bettzeug durfte
nicht fehlen. So langsam wurde aus der Blechkiste
ein schnuckeliges Zuhause für die große Reise.

Elektrische Zusatzausrüstung

Wer **A** sagt muss auch **E** sagen!
Das war wirklich viel, was in dieser Ape alles so
unterkam. Der **A**usbau hatte es freilich in sich:
Arbeit, nichts als Arbeit hatte ich in den ersten acht
Monaten in diese Höllenmaschine hineingesteckt.
Während der ersten Ausfahrten und im Laufe der
Ausbauarbeiten wurden immer wieder neue Ideen
geboren.

Natürlich musste eine Beschallungsanlage in die
Kiste eingebaut werden. Keine große Sache, zumal
ich noch ein kaum gebrauchtes Autoradio im Keller
fand - allerdings ganz ohne Lautsprecherboxen.
Und ja, so eine Rückwärtsfahrkamera wäre auch
nicht schlecht. Und wenn man schon mal dabei war
das Cockpit auszubauen, dann durfte auch kein
Navi fehlen - und eine Klimaanlage (Ventilator).
Je mehr **E**lektrik an Bord kam, umso weniger trau-
te ich der kleinen Starterbatterie in der Ape zu. Und
dann diese Kühlbox. Die zog doch sicherlich von

allem am meisten Strom. - Handys mussten hin und wieder aufgeladen werden, dazu das E-Book. Und Licht, Licht brauchten wir unbedingt in der Ape. Wollte man nicht aus Versehen an der falschen Person herumfingern. Das konnte schon mal passieren, bei dem riesigen Andrang in der Ape. Es half nichts, zur Unterstützung der Starterbatterie musste eine Versorgungsbatterie eingebaut werden. Und die wiederum musste richtig befestigt werden, also mit einem Batteriehalter. Dann musste das ganze Zeug noch fachmännisch verkabelt werden, denn schließlich war ich ja mittlerweile zum Profi avanciert, was den Umbau von dreirädrigen Kraftfahrzeugen betraf.

Und wieder war ich Glückspilz im Glück. Elkes Sohn Lucas ist rein zufällig Elektriker. Er zog ab da an, für ein paar Tage, in die Ape ein und verkabelte alles, was zu verkabeln war.

Zum guten Schluss und zur Unterstützung des Aufladevorgangs der Versorgungsbatterie gab es noch ein mobiles, faltbares Solarpanel. Damit waren wir ziemlich autark was die Stromversorgung anging.

Autark, was den Geldbeutel anging, war ich ab jetzt nicht mehr. Dieses Wohnmobil, so klein es auch war, kostete richtig viel Geld.

In Windeseile durch die Schweiz

Aufgrund der im vorherigen Kapitel geschilderten
Begebenheiten hatte wir von vornherein ausgemacht, das schweizer Ufer des Bodensees sozusagen in einem Rutsch zu fahren. Bekanntlich ist die
Schweiz sehr teuer und so unterließen wir es dort
einen Campingplatz anzufahren. Selbst ein gutes
Mittagessen hatte hier seinen Preis, sodass wir uns
an unsere Butterbrote hielten.
Die vielen Jugendlichen, ohnehin wegen des Festivals bei bester Laune, verabschiedeten uns ge-
bührend - wir kamen nicht mehr aus dem Winken
heraus.
Die Grenzüberfahrt von Konstanz nach Kreuzlin-
gen machte keinerlei Probleme und ich hatte den
Eindruck, dass die Schweizer sehr viel entspannter
Auto fuhren als die Deutschen. Es schien nieman-
den zu stören, dass wir so langsam unterwegs
waren.Ganz im Gegenteil, manchmal winkten sie
beim Überholen. Das war sehr nett von ihnen, denn
schließlich drückte ich nicht extra aufs Gaspedal,
wenn einer zum Überholen ansetzte.
Und es gab Verkehrsteilnehmer, die noch wesentlich langsamer als wie unterwegs waren. In Mün-
sterlingen musste selbst ich in die Eisen steigen,
als plötzlich und unverhofft zwei Traktoren mit
Zirkuswagen den Verkehr herunterbremsten. Innerhalb der Ortschaft wollte ich nicht überholen, denn
es gab auch hier Abschnitte, in denen man nur
dreißig fahren durfte. Und ich hatte den Blitzer aus
Fischbach noch nicht vergessen, der mich anmahn-
te umsichtig zu fahren. Doch gleich am Ortsschild
gab ich Gas. „Du wirst doch nicht überholen wollen?" fragte Elke, die es durch die Beschleunigung
in die Sitzbank drückte. Und ob ich wollte!
„Die fahren doch nur fünfundzwanzig Kilometer in

der Stunde. Und wir haben ein Schild mit fünfund-
sechzig bei uns drauf - fast dreimal so schnell also.
Das wird ja wohl reichen!" „Wirklich?", frage sie zö-
gerlich, aber da hatte ich schon auf die linke Spur
gewechselt und zog auf und davon. Ich hatte Glück,
dass der Straßenverlauf hier ziemlich gerade war
und ich sehr weit sehen konnte. Ich konnte sehen,
dass kein Gegenverkehr kam und so schnupfte ich
sie beide auf einmal.

Damit musste ich Elke sehr beeindruckt haben,
denn sie lockerte ihren verkrampften Griff, der mein
rechtes Knie zu zerdrücken drohte. „Entspann dich,
Schatz, wir haben die große Maschine drin!"

Kaum hatte ich die
beiden Traktoren
überholt, tauchte
ein kleines Elek-
troauto vor uns
auf.
Ich merkte wie die
Ape zuckte ...

Sie hatte Lust auf mehr bekommen.

Viele helfende Hände

Lust hatten auch die vielen Helfer, die mir beim
Ausbau der Ape geholfen hatten. Ob es nun mein
Nachbar Jürgen war, der mir einen ganzen Sonntag lang seine Werkstatt zur Verfügung stelle und
selbst Hand mit anlegte, als ich mir eine Spezi-
alschraube für die Verriegelung der Heckklappe
schnitzte.
Oder Funda, die mir ihre zierliche Hand reichte, damit die kleine M4-Sechskantmutter auf die Senk-
schraube kam, die den Lautsprecher halten sollte.
Ich kam mit meinen Künstlerhänden nicht in den
schmale Spalt, um die Mutter rumzukriegen, obwohl ich bei anderer Gelegenheit relativ erfolgreich
war, wenn es darum ging, die Mutter einer anderen
Gattung rumzukriegen.
Und wir hatten Glück, dass Petra und Frank uns
ihr Grundstück zur Verfügung stellten, auf dem
wir eine Probenacht verbringen durften, bevor wir
uns anschickten, in die große weite Welt zu fahren.
Glücklicherweise regnete es in jener Nacht, sodass
wir herausfanden, dass es nicht gut ist mit offener
Heckklappe zu schlafen, wenn kein Vorzelt die Lük-
ke zwischen Heckklappe und Kasten überdeckte.
Auch fand ich heraus, dass ich nicht bei geschlos-
sener Heckklappe in der Ape schlafen wollte. Ein
kleines Engegefühl umklammerte mich, sodass ich
die Umklammerung von Elke mit den Worten: „Ich
muss hier raus!" aufgab. Es war schon komisch, in
so ein-em engen Raum zu liegen, ohne zu wissen,
ob die Heckklappe nicht klemmte um mich möglicherweise in meiner eigenen Blechdose gefangen
zu halten. Auch gab die Ape mir neue Erfahrungen
im Straßenverkehr. Nun klar, dass man sehr viel
langsamer unterwegs war, das war klar. Aber es
dauerte doch eine ganze Weile, bis ich selbst das

akzeptieren konnte. Man ist ja schließlich Mitteleuropäer der eher hektisch durch die Welt zieht, als dass er einmal bewusst langsam tut. Die von der Ape angebotene Entschleunigung wollte zunächst einmal verdaut und angenommen werden. Anfangs versuchte ich noch auf Nebenstraßen unterwegs zu sein. Oder aber ich fuhr in alle Bushaltestellen, die am Wegesrand lagen, um den Verkehr an mir vorbeizulassen. Das führte aber dazu, dass ich selbst nicht wirklich von der Stelle kam. Doch dann fielen mir die vielen Traktoren ein, die in unserer Gegend unterwegs waren, oder andere Verkehrshindernisse, um die ich selbst mit meinem Auto irgendwie stets drumrum gekommen war. Also, was soll's, rein in die Ape und drauf auf die Straßen. Nur Autobahn, das hatte ich mich noch nie getraut. Ich hatte kein wirkliches Bedürfnis dazu, ausserdem kam Elke ins Schwitzen, auch schon dann, wenn wir nur über eine Autobahnbrücke fuhren. Spaßeshalber sagte ich dann imer zu ihr: "Da will ich jetzt drauf!" Aber sie meint dann nur, dass ich schon in der Schweiz meinen Spaß gehabt hätte, als ich gleich zwei sehr lange Fahrzeuge überholt hatte. Ja, das stimmte wohl, sehr lang waren sie schon, aber auch sehr langsam.

Ausserdem musste man mit der Ape sehr vorausschauend fahren. Oft ahnt man es schon, dass einer dir die Vorfahrt nehmen will. Nicht etwa aus Boshaftigheit, nein, eher darum, weil er nicht hinter dir herfahren will, wenn er erkennt, dass du in seine Richtung fährst. Und arbeiten musst du. Weil die Pedale sehr hoch angebracht sind, bist du ständig mit den Füssen am arbeiten. Und mit den Armen auch, denn schließlich hat der Schalthebel einen sehr grossen Rührradius. - So bleibt man fit.

Die Ape und der Joint

Wir kamen am Samstag gegen die Mittagszeit am Seecampingplatz in Bregenz an. Der Mann an der Rezeption hatte uns schon kommen sehen und empfing uns sehr freundlich.

Irgendwann würde ich es noch herausfinden: Freute er sich, weil er eine hübsche Frau wie Elke sah? Freute er sich vielleicht, weil er einen ebensolchen Mann sah? Oder freute er sich, weil er ein wunderschönes Fahrzeug sah? Ich musste meinen Status überdenken, an welcher Stelle in dieser Beliebtheitsskala stand ich eigentlich?

Vielleicht freute er sich aber auch nur, weil etwas Geld in seine Kasse kam? Mit 12,00 € Übernachtungsgebühr und 3,00 € Kurtaxe pro Person waren sie hier etwas teurer als auf den anderen Campingplätzen, dazu kamen noch 17,00 € für das Auto mit Zelt. Aber die Atmosphäre war sehr gut. Wir blieben natürlich. Zunächst gönnten wir uns ein Mittagessen. Denn obwohl wir Lebensmittel und Getränke dabei hatten, kochten wir nicht richtig - mal etwas Wasser für den Kaffee heiß machen, aber das war's dann auch schon. Im übrigen waren die 227 Gramm Gaskartuschen relativ schnell leer, wie ich fand. Und das Geschirrspülen musste nicht unbedingt sein, wenn wir im Urlaub waren - also nicht zu oft!

Danach durften wir uns selbst einen Platz aussuchen. Man empfahl uns dem neuen Teil des Campingplatzes. Aber wir blieben im alten Bereich, weil die Entfernung zu den alkoholischen Versorgungszentren und den sich meistens daran anschliessenden Bedürfnisanlagen näher war. Wir hatten zwar dieses einmeterachtzig hohe Wurfzelt dabei, das uns als Toiletten denen sollte, bevorzugten allerdings die stationären Anlagen. Ausserdem wollte ich mich nicht blamieren, beim Abbau desselben. Ich hatte es nämlich bei mir zuhause in der Küche ausprobiert, indem ich es einfach mal da hinwarf. Wie soll ich sagen: die Küche war wohl ein wenig zu eng dafür. Eine dieser elastischen Stangen fegte mir mal kurz durchs Gesicht, sodass ich Sorge hatte, dass meine Lippe aufgeschlagen waren. Ich hatte Glück, denen war nichts passiert. Kein Glück jedoch hatte ich bei dem Versuch es wieder zusammenzufalten. Also da war es schon gut, dass ich zuhause war, in meiner engen Küche, wo mich niemand beobachten konnte. Ich schaute mir auf Youtube einen Film an, in dem ein ebenso alter Herr wie ich, seine Tricks zum Besten gab und das Zelt tatsächlich wieder auf diese Hula hoop Reifengröße zusammenbrachte. - Das war schon eine coole Erfindung, auch wenn mir die Lippen schmerzten. Kurz und gut, auch hier in Bregenz verzichteten wir auf dieses Toilettenzelt. Auch vielleicht deshalb, weil diese dunkelgrünen Beutelchen der mobilen Toilettenbox nicht wirklich farblich zu meinem Herrenrucksack passten.

Wir bauten also unser Vorzelt auf, legten unseren Vorzeltteppich aus und machten es uns gemütlich. Dieser Vorgang wurde natürlich wieder von allen (neidischen?) Campern, die mit ihren großen Wagen um uns herumstanden, beobachtet.

Unsere beiden Klapptische waren gerade erst aufgeschlagen, als vom benachbarten Platz ein österreichischer Wurzelsepp, so einer mit Spitzhütchen und weißem Bart, unaufgefordert unser Territorium betrat und uns wortlos - jawohl, wortlos, einen Joint auf den Tisch legte. Tat's, drehte sich um und verschwand, in Lederhosen gekleidet, wieder - wortlos! Er ließ mich sprachlos zurück.

Ja, was bildete der sich denn ein?
Irgendwann würde ich es noch herausfinden:
Beurteilte der mich wegen der langen Haare meiner
hübschen Frau? Beurteilte der mich vielleicht, wegen meiner eben so langen Haare? Oder beurteilte
der uns wegen unserem wunderschönen exotischen
Fahrzeug? Ich glaubte, ich musste meinen Status
überdenken, an welcher Stelle der Vorurteile ich
eigentlich stand?

In diesem Moment
wünsche ich mir die
beiden nicht gekauften,
schwerbewaffneten Gartenzwerge an meiner
Seite. Das Territorium
war gefährdet.

„Stopp!" rief ich ihm nach: „Was soll ich damit? Ich
bin Nichtraucher!" Ganz pöltzlich fand ich mich
geradewegs in mein Schulzeit zurückversetzt, denn

ich bekam von ihm dieselbe Antwort wie damals
von meinen Mitschülern: „Das ist doch was ganz
anderes als eine Zigarette."
Nun, ich wusste ganz genau was das war. Aber es
galt heute immer noch dasselbe wie damals. Ich
war Nichtraucher und damit basta, da wurde auch
so etwas nicht geraucht: „Du kannst dein Zeug wieder mitnehmen." Das hätte ich nicht sagen dürfen.
Er kam zurück und hielt mir einen zwanzigminüti-
gen Vortrag, dass das da kein Zeug war. Nein, hierbei handelte es sich um ein ganz feines Kraut, aus
den österreichischen Bergen. So was von Bio, sowas
bekommt man ganz selten. Er war so aufgebracht,
dass ich versucht war, mich bei ihm zu entschuldigen, weil ich keinen Joint rauchen wollte.
Das tat ich aber nicht. Wo kommen wir denn dahin,
wenn ich mich dafür entschuldigen soll, weil ich
kein Kiffer war! Ich tat es auch nicht, weil Elke wieder einmal von diesem Mutter Teresa Virus befallen
wurde: "Ich bin Raucher, lass ihn mal hier liegen!"

Das tat sie so gerne. Immer, wenn ich eine andere Meinung als einer meiner Mitmenschen hatte,
glaubte sie ihn gegen mich verteidigen zu müssen,
gegen mich - das muss man sich mal geben - gegen
mich, demjenigen, der eigentlich angegriffen wurde.

Ich glaubte, ich falle vom Glauben ab: Das kann
ja wohl jetzt nicht sein, dass sie einfach so, von
wildfremden Männern, von Wurzelsepps oder von
kauzigen Österreichern, dass sie so ganz einfach
das Kraut, auch wenn es noch so biologisch war -
dass sie es einfach so annahm.
Abgründe, ganz, ganz tiefe Abgründe taten sich da
auf. Und dann, wohl noch zuletzt, dieses Zeug da in
meiner Ape rauchen wollen? Oder es nicht zu rauchen um es dann, dieses Kraut, dieses biologische,

in meiner Ape über die deutsch-österreichische Grenze zu schmuggeln.

Und ich dann womöglich noch verhaftet würde, da die Drogenhunde über meine gute Gästematratze herfallen würden, um nach dem Zeug zu suchen um es auch zu finden - und um alles in Stücke zu reißen, was ich so mühsam dort eingebaut hatte. Drogenschmuggeln in großem Stil und in einem historischen Fahrzeug.

„Schatz, wir müssen reden!"

Und dann gibt es diesen ganz bewußten Moment im Leben eines Mannes, diesen Moment, wo du ihnen völlig ausgeliefert bist - diesen Weibern. Dann bist du so perplex von ihrem Handeln und völlig hilflos ihnen gegenüber. Und dann fühlst du dich so leer, so machtlos und kommst dir so verloren im Universum vor, dass du dich in nichts auflösen möchtest, weil du dem, was sie da gerade treiben oder tun, diese ... Frauen ... , weil du dem aber ganz und gar nichts entgegenzusetzen hast:

Elke setzte ich sich auf meinen Schoß und zündete den Joint an.

Das war äußerst gefährlich, weil ich immer noch in Rage war und weil ich dem Klappstuhl unser beider Gewicht nicht zumuten wollte. Denn schließlich waren wir beide, ja ganz viel Mensch.

„Schatz, das geht so nicht. Du kannst doch nicht von wildfremden Männern was annehmen, von dem du nicht weißt, was da drin ist!" Was soll denn da schon drin sein?" „Das weiß ich doch nicht, denn schließlich habe ich in meinem Leben noch nie einen geraucht!"

„Willst mal ziehen?" - Nein, ich wollte natürlich nicht ziehen. „Und nur weil du Raucherin bist, musst du doch so ein Kraut, so ein biologisches, nicht rauchen."

„Und im übrigen bin ich sehr verletzt: mit mir willst

du keinen quietschenden Sex in der Ape, aber von anderen Männern nimmst du ohne Widerspruch so ein Ding an und steckst es auch noch gleich in den Mund, dieses Ding da - diesen Joint."

„Ach daher weht der Wind", meinte sie nur.

Nein, nicht nur daher wehte der jetzt süßlich riechende Wind.

Denn womöglich würde sie hier gleich mal eben kiffend über dem Campingplatz schweben.

Damit würde sie noch mehr Aufmerksamkeit, wie wir schon hatten, auf uns ziehen.

„Verdammt noch mal, ihr beiden Zwerge tut doch endlich was!"

Zwerge sah sie keine. Und so war ich der Frage ausgesetzt, ob ich schon die Halluzinationen hätte, die sie meiner Ansicht nach bekommen sollte?

Dann begann sie, nach dem zweiten Zug, zu husten: "Oh Gott, ist der stark!"

„Sage ich doch, dass der gefährlich ist."

Wieso gefährlich, sie hätte sich nur verschluckt?

"Na, weil er gefährlich ist. Siehst du denn nicht, welche Pfähle er zwischen uns treibt?"

Nun, das wollte sie nicht, dass dieses Ding, dieses biologische, Pfähle zwischen uns trieb.

Und so machte sie ihn aus und ging zu diesem Wurzelsepp hinüber: "Tut mir leid, aber der ist zu stark für mich. Du kannst ihn gerne wieder zurück haben."

Aber nein, nein dieser wildfremde Mensch, dieser Österreicher war zu stolz, das Ding wieder zurückzunehmen.

Vielleicht fiel ihm aber auch der Song „Don`t Bogart That Joint" von Fraternity of Man aus dem Film Easy Rider ein. Vielleicht glaubte er ja, dass Elke das Ding, wie einst Humphrey Bogart, beim Rauchen zu sehr nass gemacht hatte und er es deswegen nicht mehr in den Mund nehmen wollte.

Denn schließlich steckt man ja nicht alles, was man von wildfremden Menschen angeboten bekam, sofort in den Mund!"

Sie brachte das Ding also zurück und somit war die Diskussion wieder auf unserer Seite, sowie Elke auf meinem Schoß: „Vielleicht könnten wir ihn ja einpacken und mitnehmen, denn möglicherweise würde sich jemand in der Heimat an diesem Ding erfreuen können, ohne dass er irgendwelche Pfähle irgendwo dazwischen trieb?"

„Nein, nein, nein: Wenn es kein Quietsch, Quietsch gab, dann gab es auch keinen Joint!"

Das hatte ich natürlich nicht ernst gemeint.

Aber irgendwie musste ich ja wieder aus diesem ganz bewußten Moment, dieser Ohnmächtigkeit im Leben eines Mannes herauskommen. Und außerdem wurde sie (diese Last wegen des Joints) mir mit der Zeit zu schwer, denn auch der Stuhl versank immer tiefer im feuchten Boden.

Das wäre nicht schön von mir, wenn ich sie auf diese Art und Weise erpressen wollte. Aber sie wäre durchaus geneigt den Wink mit dem Zaunpfahl, der ja immer noch zwischen uns steckte, so zu verstehen: Ich hatte ihr bei diesem Quietschthema so viel Verständnis entgegengebracht, dass sie mir jetzt auch, bei diesem Jointthema, ebenfalls so viel Verständnis entgegenbringen wollte.

Kurzum, von da an gab es weder Sex noch Joint!

„Ach übrigens, Elke, du kannst dir einen Colaweizen mitbringen, wenn du vom Mülleimer zurückkommst, in den du den Joint reinwerfen willst. Weißt du, dann hätten wir unser Drogenproblem ja ganz elegant gelöst."

In dieser Nacht blieb ich gleich auf meinen 0,625 Quadratmetern liegen, denn da bekam ich bei wenigstens noch mein Gute-Nacht-Küsschen, als Zeichen unserer Zweisam- und Glückseligkeit.

„Habt ihr wirklich da zu zweit drinnen geschlafen?" war die Frage des Campingplatzbesitzers, der uns einen kurzen Besuch abstattete. Bei der Gelegenheit erzählte er uns, dass er damals, in seinen jungen Jahren, also in den Jahren, die auch noch viel jünger waren, als die in denen Elke und ich uns jetzt befanden, also, dass er sich damals einen kleinen Wohnwagen fürs Fahrrad gebaut hatte, um damit in der Gegend herumzufahren. Die Frage, ob auch er darin zu zweit geschlafen hatte, beantwortete er mit einem kleinen Augenzwinker, denn schließlich stand seine Frau hinter ihm.

„Ja, natürlich hatten wir dort drinnen zu zweit geschlafen, denn schließlich mochten wir uns noch. Ja, wir mochten uns noch: auch diese kleine Unterredung, gestern Abend, vor dem, sich daran anschließenden Bier- und Colaweizenumtrunk, änderte daran nichts.

Außerdem hatten wir unser Drogenproblem elegant gelöst, indem wir es mit den Bayern hielten und dementsprechend bei Alkohol von einem lebenswichtiges Grundnahrungsmittel sprachen.

Auch unser Wurzelsepp hatte diese verhängnisvolle Affäre gut überstanden und winkte uns beim Frühstück zu.

Damit konnten wir unser Zelt wieder abbauen, all die anderen Dinge in die Ape packen und uns für die Heimreise vorbereiten.

Es lagen noch sechsundvierzig Kilometer bis nach Hause vor uns, für die wir zirka zweiundneunzig Minuten, als gut eineinhalb Stunden Fahrtzeit einrechneten.

Das Wetter war auch heute, genau wie an den zurückliegenden Tagen wunderschön und so tuckerten wir der Heimat entgegen.

Ein letzter Stopp zum Mittagessen beim Holzmichl in Riedhirsch rundete unsere Reise ab.

Sonntag, 21. Mai 2023

Am Sonntag waren wir dann gegen 15:00 Uhr von
unserer ersten großen Ausfahrt zurück.
Während der zurückliegenden vier Tage hatten wir
viele neue Eindrücke bekommen.
Der schönste war wohl der, dass man mit relativ
kleinen Dingen den meisten Menschen eine große
Freude machen konnte. Mit den kleinen Dingen war
natürlich unsere niedliche, fleißige Biene gemeint,
die uns ohne technische Probleme die gesamten
zweihundertundzehn oder vielleicht auch etwas
mehr Kilometer um den Bodensee herumgebracht
hatte. Die überall da, wo wir auftauchten ein Lächeln in die Gesichter der Menschen zauberte, die
uns wohlgesonnen waren.
Mir persönlich gefiel es den ganzen Tag draußen zu
sein, Menschen zu begegnen und die Natur zu spü-
ren. Warum hatte ich mir in den zurückliegenden
fünfzig Jahren nicht öfter die Zeit genommen, so
etwas zu unternehmen. Nein, jetzt im Alter, wo alles
etwas beschwerlicher war, fing ich erst damit an.
Wie gesagt: eine meiner Töchter meinte nur, dass
ich Opa sei. Und Opa bedeutete, nicht auf allen
vieren in einer Blechdose herumzukriechen.
Das mochte vielleicht auf andere Opas zutreffen.
Auf solche, die sich nur noch über Krankheiten
unterhielten und nicht wußten wie sie sinnvoll ihre
kleine Rente durchbringen sollten.
Ich wußte es jetzt ganz genau. Mit sexbesessenen
hübschen Frauen um den Bodensee rasen, schien
mir das geeignete Mittel dafür zu sein.
Ja, ich weiss, auch das werde ich in ein paar Jahren aus gesundheitlichen Gründen nicht mehr machen können. Aber so lange wie es mir vergönnt ist,
werde ich es wohl treiben. Und wenn nicht mehr,
werde ich in Zukunft eben etwas langsamer fahren.

Ganz sicher hatten wir auch so viel Spaß, weil das
Wetter sehr schön war. Doch auch bei schlech-
tem Wetter, müssten wir in unserer Ape nachts
nicht frieren. Der kleine Raum wurde durch so
viel Mensch wie wir es nun einmal waren, wie von
selbst aufgeheizt. Und wenn es mich fröstelte ver-
ließ ich meine 0,625 Quadratmetern und kuschelte
an Elke ran. Das mochte auch sie, weil es dabei
keine rhythmischen Schwingungen gab.
Neue Erkenntnisse gab es auch in bezug auf unser
Fahrzeug. Es kam ziemlich genau hin, wenn wir
für eine Fahrt von einem Kilometer, zwei Minuten
Fahrtdauer einsetzten. Somit konnten wir unsere voraussichtlichen Fahrtzeiten gut bestimmen,
außer natürlich, wenn die Fahrt nur bergauf gehen
würde. Das mochte unsere kleine Biene nicht.
Und von uns verlangte sie sehr viel Geduld, wenn
uns die Steigungen unendlich lang vorkamen.
Für 100 Kilometer benötigte sie, je nach Fahrweise,
ca. 5 Liter Benzin und 0,1 Liter Zweitaktöl. Das bedeutete für mich, dass ich nach etwa 500 gefahre-
nen Kilometern Öl nachgießen musste. Damit das
klappte, hatte ich mir ein mechanisches Zählwerk
gekauft, mit dem ich die getanken Liter zusammen-
zählte, um dann nach 50 Litern Benzin einen Liter
Öl nachzufüllen.
Ganz wichtig war auch der angegebene Luftdruck
in den Reifen. Bei einem Gewicht von ca. 625 Kilogramm machte das sehr viel aus.
Desweiteren stellten wir fest, dass man nicht mehr
als einhundert Kilometer am Tage fahren wollte.
So sehr es auch Spaß machte mit der Ape unterwegs zu sein - für Langstrecken war sie nun einmal
nicht ausgelegt.
Aber 210 Kilometer in 4 Tagen, das ging sehr gut.

Grenznahe um Deutschland rum

Nach dieser Probefahrt waren wir eigentlich für meinen Traum, einmal grenznahe innerhalb von Deutschland mein Land zu umfahren, gewappnet. Diese Strecke war fast viertausendfünfhundert Kilometer lang - reine Fahrtzeit mit der Ape ca. einhundertfünfzig Stunden. Ausgehend von unseren Erkenntnissen aus der Bodenseeumrundung entsprach das etwa fünfundvierzig Tage, wenn man jeden Tag einhundert Kilometer fahren wollte. Aber man wollte ja nicht nur jeden Tag fahren, man wollte ja auch ein wenig gucken. Also jeden zweiten Tag eine Pause einlegen, erhöhte die Reisezeit auf neunzig Tage. Das wiederum bedeutete, dass ich ein Vierteljahr unterwegs sein würde.

Wir fanden die Idee wirklich gut und starteten die Tour am 23. Juli 2023. Leider hatten wir anfangs sehr viel Pech mit dem Wetter. Wir fuhren fast drei Wochen lang und eintausendfünfhundert Kilometer im Regen spazieren. Das brauchte nicht den erhofften Spaß. Auf den Campingplätzen kam auch keine Stimmung auf, weil die Leute lieber in ihren Wohnmobilen blieben, als sich im Regen aufzuhalten.

Aus der Deutschland Umrundung wurde dann eine abgespeckte Bayern Umrundung.
Danach besuchten wir noch einige Festivals bei ausgesprochen gutem Wetter und ebensolcher Laune.
Am Ende des Sommers 2023 hatten wir es dann doch noch auf viertausend gefahrene Kilometer mit der Ape gebracht.
Und das ohne irgendeinen technischen Defekt.
Daraus schloss ich, dass die gewollte Deutschlandtour durchaus machbar gewesen wäre.

Wenn ich einmal die Zeit finde, werde ich über diesen schönen Sommer 2023 ein weiteres Buch schreiben.

Bisher haben wir einige Etappen davon auf Instagram und auf TikTok unter JUERGENUNDELKE veröffentlicht. Da könnt ihr mal gucken, wenn ihr wollt.

Aus dieser Geschichte ist ein weiteres Hobby entstanden: Denn damit wir diese beiden Plattformen mit Videos versorgen konnten, musste ich mein ganzes Leben umstellen. Wann immer Elke es wollte, gab ich den begnadeten Schauspieler, der seine Fellowers zufriedenstellen durfte.

Und ja, verdammt noch mal, ja, ich weiß dass die Followers (Anhänger oder Mitläufer) heißen.

Aber meine soziale Art gebietet mir, sie Fellowers [abgeleitet von fellows (Gleichgestellte oder Mitstreiter)] zu bezeichnen. Denn der Ausdruck Fellowers steht bei mir für gleichberechtigt. Er erscheint mir würdevoller als der Ausdruck Mitläufer oder als der des Gefolges zu sein.

Und das es den so im Englischen gar nicht gibt, dafür kann ich ja nun wirklich nix.

Und nachdem ich euch jetzt über einhundert Seiten gelangweilt habe, möchte ich dieses Buch mit unserem Logo beenden, das während unseren Fahrten die Heckklappe unserer Ape ziert.

Ich denke, dass ihr die Doppeldeutung dieses provozierenden Spruches richtig einordnen könnt.

@JUERGENUNDELKE auf Instagram — Danke fürs Folgen!

Inhaltsverzeichnis

Isny im Allgäu
November 2023
1. Auflage
© Text und Illustrationen:
Jürgen Bahro
Alle Rechte vorbehalten!

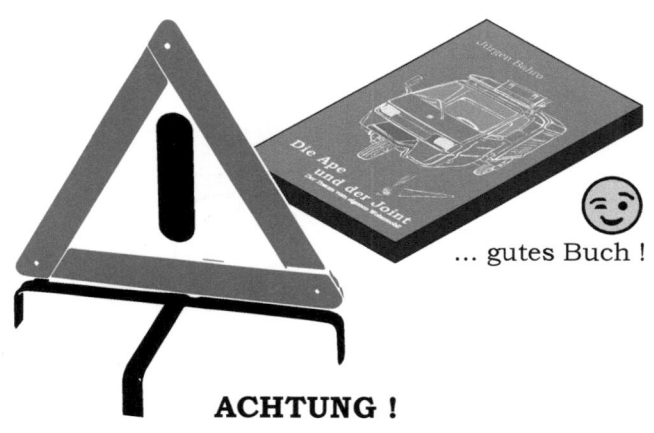

... gutes Buch !

ACHTUNG !